大阪のオバちゃんの逆襲

源 祥子

言視舎

はじめに――大阪のオバちゃんは、そんなんとちゃうねん！

生まれた時から大阪市内でしか暮らしたことのない私が、四十代も半ばになって突如東京への引っ越しを決めました。

誰に誘われたわけでも、呼ばれたわけでも、影響されたわけでもありません。

たぶん、いまが動く時。

そうひとりで考えて、ひとりで決断しました。


フリーのコピーライターとして活動して十年以上。仕事の幅を広げようと学び始めた脚本の世界で早々と一本お仕事をもらうことができ、単純で調子のりの私は「東京のほうがもっと仕事いっぱいもらえるんとちゃうやろか」と考え、引っ越しを決意したのです。

と書くとええ年をしてほんまもんのアホ以外の何者でもないみたいですが、もちろん心の中ではいろんな葛藤や迷いがありました。でもそこは根っから能天気な性格の私のこと。

「けどまぁ一回やってみたらええんちゃう？　失敗したって死ぬことないやろ」

そう自分で自分を納得させて上京したのです。

上京してみて驚いたこと、大阪との違いを感じたことは多々あります。中でももっともびっくりしたのは、周囲の人の「大阪のオバちゃん」という存在に対する関心の高さ。

大阪に住んでいた時も、それなりに話題になっているみたい、程度の認識はあったものの、まさか実際に多くの人から「大阪のオバちゃんって……」と、興味津々で質問をされるだなんて思ってもいませんでした。

ふーん、みんな大阪のオバちゃんに興味あるんやなぁ。

そう考えて、逆にこっちから周囲の人に大阪のオバちゃん像について質問してみたり、ネットで検索してみたところ、どうも世の中にはけっこう間違った情報が蔓延している様子。しかも「怖い」とか「せこい」とか「センス、最悪」とか言われたい放題じゃないですか。


ちゃうちゃう、そんなんやないのに！

大阪のオバちゃんってもっと可愛いとこいっぱいあるねん。サービス精神のかたまりやねん。

そんなリアル大阪のオバちゃんの素晴らしさ、可愛らしさを誰かが伝えなあかんのとちゃう？

そう考えて私はひとりで、エセ情報と闘う決意をしました。逆襲や、とのろしをあげたのです。


とはいうものの。

どんなふうにしたら一番大阪のオバちゃんのリアルが伝わるやろうか……。

あれやこれや考えたとき、やっぱり地の言葉、つまりは大阪弁で語ったほうが自然だろうし、ストレートに伝わるだろうと思ったのです。

それならいっそ話し言葉で誰かにあてて手紙を書いてみよう。

そうひらめいて、東京在住の私と、大阪在住の親友・琴子の往復書簡スタイルで書き進めてみようと決めました。


次のページからは、容赦ないコテコテの大阪弁で書こうと思うので、関西出身以外の方は覚悟をお願いします。特に注釈はいれていませんが、濃い方言は前後の文章からなんとなく推測していただければ幸いです。


では始めますよ！　東京在住の大阪のオバちゃんだからこそ書ける話。

大阪のオバちゃんの逆襲の、はじまりはじまり。

目次

第2章 大阪のオバちゃんの好きなもん

第3章　大阪のオバちゃん、ディープ「あるある」

第4章　大阪のオバちゃんの場所

第1章

大阪のオバちゃんという生き方

1　東京に来てもう二年――「飴ちゃん」伝説

東京に来て早いものでもう二年。

琴子、元気にしてる？　って、ついこないだラインしたばっかりやけどな。

「なんでいきなり手紙やねん」って、封筒見た瞬間つっこまれそうやけど、ほら、私一応はライター、物書きなわけやんか。せやから、これから近況報告は手紙でしてみよかなぁってふっと思ってん。

いまどき、あえてのクラシックスタイル・手紙……ちょっとええ思わん？

あ、心配いらんよ。これは私が東京暮らしの感想兼記録を兼ねて一方的に送ってるもんやから、返事はいらんし。あんたが手紙嫌いやいうことも、よう知ってるし。まぁ気ぃむいたらラインかメールででも返事ちょうだい。

琴子もよう知ってるように、ありえへんぐらい重度の方向音痴の私やん？　せやからこの二年は、東京の電車の乗り方と道を覚えるんで一生懸命やったわ。そんなんしてるうちに、あっという間に時間が過ぎた感じ。

速いなぁ、時間経つん。いやほんま、琴子もそう思わん？　特に最近。四十代になってからかなぁ。一年ってこんな短かかったっけ？　って思うようになってきた。これってやっぱりおばちゃんになったってことなんやろか？　いや、年齢的にはもう間違いなくおばちゃんまっしぐらやねんけどな。

そうや！　おばちゃんっていえば、ひとつ報告ある。あんな、こっちにおったらマジで訊かれるねんで。あれ、あれ。大阪のおばちゃんが飴ちゃん持ってるかどうか問題。

せやなぁ……二年でもう五、六回は訊かれたかな。いや、これ盛ってないって。マジで訊かれるねんって。

「あのー、大阪のおばちゃんって本当にいつも飴を持ち歩いているんですか？」って、こんな感じで。仕事仲間の人とかに。

最初は、まだ東京に来て間もない私のために気ぃ遣って大阪あるある的なトークしてくれてはるんかな、って思ってん。でもな、その人の顔見たらめちゃ真剣やったからな、私かって真面目にお答えしたわ。

「大阪のおばちゃんやったら、たいがいは持ってると思いますよ。しかも一個二個やなくって、わりとぎょうさん。うちの母親は飴ちゃん専用のきんちゃく袋を持ってて、出かける時はカバンの中に忍ばせてますねぇ」

そう答えたらな、質問した人、めっちゃ満足そうな笑顔を浮かべながら頷いてはった。

「そうか〜やっぱホントだったんですね」って言うて。ほんで周り見渡したら、その場におった他の人らも「ええこと聞いた」的な顔して頷いてはるねん。飴ちゃん話、みんなほんまかどうか気にしてるねんで。大阪では当たり前のことやのに、なんか笑けるやろ。

けど、私、ちょっとだけ嬉しかったわ。**あぁ大阪のおばちゃんの知名度って、ほんまに全国区になってるねんなぁって**。


ほんでちょっと考えてんけど。大阪のおばちゃんにとっての飴ちゃんって、食べるためだけにあるんやないと思わん？

なんて言うか……大事なコミュニケーションツールのひとつやと思うねん。

だっておばちゃんって、映画館とかバス旅行のバスの中とか、電車の中とかで、すぐカバンをゴソゴソいわして飴ちゃん取り出すやろ。自分が食べるんかなぁと思って見てたら、まずは周囲の人間に配りまくるやん。

最初の言葉はこれ。「飴ちゃん、食べる？」ほんでそっから怒濤のごとく飴ちゃんトークが始まるねん。「パインとオレンジ、どっちがいい？」「スーっとしたいんやったら、ハッカもあるで」「ニッキ味、食べられる？」

初対面の人が多い場でも、出した飴ちゃんひとつで完璧に場が和むという素晴らしさ。会話も拡がってるし。

それに、飴ちゃんをもらったほうのおばちゃんだって黙ってないやんかぁ。

「この飴ちゃん、美味しいなぁ」「どこで買うたん？」「もう一個、もらっといてもええ？」

こう言われたら、また飴ちゃんの持ち主のおばちゃんが語りはじめる。

「美味しいやろ？　これな、近所の××ってスーパーで買うてん。あ、奥さんとこの近所、××スーパーある？」「ちょっと見てー。このきんちゃくな、私がいつも飴持ってるからって、嫁が手作りしてくれてんよ」

ほんま、飴一個でどんだけ盛り上がるねん！　って感じや。さらにそっから飴ちゃんとまったく関係ない話に発展していくねん。たったひとつの飴ちゃんから、自分の住んでる地域の話や食べものの好き嫌い、はては嫁自慢まで。

飴ちゃんを使っての大阪のおばちゃんのコミュニケーション術は、まったく侮れへんわ。こういうところ、私も見習わなあかんかもしれんな。明日から飴ちゃんいっぱい買うて、ちょっとこっちで配ってみよかな。

いや、私だけちゃうな。全サラリーマンが真似たらええねん。**なんか、殺伐とした世の中がちょっとだけあったかくなりそうやん？**

けど、いくら大阪のおばちゃんと飴ちゃんが切っても切られへん仲やいうても、さすがにまだ髪の毛の中から飴ちゃん出すおばちゃんは、大阪でも登場してへんやろ？　けどそろそろ誰かやらなあかんのちゃう？　せやないと、飴ちゃん女王の座を黒柳徹子に取られてまうで。まぁおもろいこと大好きな大阪のおばちゃんのことやし、そのうち誰かやり始めるかもやんな。

あ、めっちゃ長なってもうたわ。読むんもひと苦労やな。けどまぁ**想像以上に大阪のおばちゃんは全国区になってる**ってこと、地元の友達らにも教えといたって。またこっちで大阪のおばちゃんのイメージ探って報告するわな。ほんならね――。バイバイ。

▼琴子のリターン

手紙ありがとう……ってなんでこの時代に手紙やねん！

期待してるやろから、一応そこつっこんどくわな。

祥子みたいに文章書き馴れてる人は手紙書くんは平気やろけど、私にはハードル高いわ。せやからメールにする。祥子の長い手紙の感想を、ラインで数文字っていうんも失礼やから、私なりに精いっぱい頑張ってのメールやで。これで許してな。

飴ちゃん話、ほんまに質問されんねんな！

そんなん大阪では当たり前すぎて、特に話題にもならんけど。

でも手紙もらってから、うちのお母さんの鞄の中身チェックしたら、**たしかに飴ちゃんいっぱい入っとたわ**（笑）。

また東京の報告ちょうだい、東京の人から見た大阪のおばちゃん話っておもろいわ。

大阪のみんなにもひろめとくでー。

2 紫色のパンチパーマって見たことある？

すっかり秋やな。

御堂筋のイチョウは、もうそろそろ黄色くなってる頃やろか。私の中で、御堂筋のイチョウと道行く人の「**くっさー**。**なんでこんな臭いねん**」っていうぼやきはセットになってるねん。

絶対誰かが踏んでまうねんなぁ、道に落ちてるギンナンを。そのせいで、イチョウが色づく頃の御堂筋って、あの独特の匂いがモワーっと漂ってるよなぁ。みんな毎年のことやし、ギンナンの匂いやってわかってんのに絶対言うやろ？　「くっさー」って。**しかもめちゃデカイ声で**。特に難波から心斎橋まで続くあのエリアで、よう聞くよな。

イチョウといえば、こっちでは外苑前のイチョウ並木が有名やねん。琴子も一回はテレビドラマとかで見たことあると思うわ。

こないだ張り切って行ってみてんけど……不思議やねん。御堂筋歩く時みたいな、あの匂いはせえへんかった。なんでやろ？　こっちの人はギンナン踏まんと歩く技持ってるんかな？　「くっさー」って言うて大阪気分に浸りたかったのに、ちょっと残念やったわ。

そうそう、この前の手紙で大阪のおばちゃんの飴ちゃん話を書いたやろ？　あれから気になってな、いったい大阪のおばちゃんって他にどんなイメージ持たれてるんやろって思ってネットとかで検索してみてん。

色々あったけど。読んでていっちゃん「**そんなわけないやろ！**」ってつっこみたくなったんは「**大阪のおばちゃんの髪は紫色**」「**大阪のおばちゃんの髪型はパンチパーマ**」ってやつやわ。

アホか！　そんなん二つ合わせたら、紫色のパンチパーマってことになるやん。怖い！　怖すぎるわ！　だって見たことある？　周りにおる？　そんなおばちゃん。そんなおばちゃんらが大阪市内にウヨウヨおったら、それこそとっくに「ナニコレ珍百景」に取材されてるっちゅうねん。

そら、おばあちゃんでたまに白髪を紫色に染めてる人はいてるけど。それって別に大阪に限らんと思う……。いや、やっぱり自信ないな。言われてみれば、あんまり髪を紫に染めてるおばあちゃんを東京では見かけへん。

でも大阪の町は紫色したパンチパーマのおばちゃんだらけってことは、絶対にないわ。ほんま、こんなニセ情報信じてる人おったら、声を大にして教えてあげたいわ、この事実を。

大阪のおばちゃんについての誤解といえば、もうひとつこっちでよう訊かれることがある。

「大阪のおばちゃんって、買い物に行くとどんなお店でも絶対に『まけて』って言うんでしょ？」

これ、ちょっとちゃうと思わへん？　たしかにまったく言わんとは言われへんけども。たとえば「もうちょっとおまけしてくれへん？」とか「二つ買うから、なんぼかまけて」とか、言う時はある。けどそれはなんとなく「今、まけて、言うたら盛り上がるかなぁ」という空気を察した時だけっていうか……、がっつり本気モードなわけやないんよ。だって、一円もまけてくれへんかったとしても、誰も怒ったりせえへんもん。

ほんで「まけて」って言われたほうも、スルっとかわしてくれるやん？　**大阪の商売人さんって、遊び心を持ってはるもん。**

「まけて」ときたなら「えげつないなぁ」「これ以上おまけしたら、うち、破産してまうわ」とか返事して、大げさにのけぞったり参った顔をするんがお約束やん。吉本新喜劇的な永遠のワンパターン。

そうや！　つまり大阪のおばちゃんにとって**「まけて」って言うてみるんは、伝統的な遊びの一種なんやわ。**場を盛り上げたり和ませたりするためのお遊び。スーパーとかコンビニのレジでお金払う時に「まけて」って言うおばちゃんは見たことないもん。「まけて」発言する時も、**実はしっかりＴＰＯをわきまえてる**んが、大阪のおばちゃんやん。

飴ちゃんと一緒かもな。**「まけて」も大阪のおばちゃん流のコミュニケーションツール**なんちゃう？　大阪のおばちゃんって根っから明るいし、**人生に笑いは多ければ多いほどええ**って思ってるから、それを作りだすためのあえての「まけて」やねん。

って、なんか大阪のおばちゃんのこと、ええように言いすぎやろか（笑）。

じゃあ、琴子も御堂筋のぎんなん踏まんように気ぃつけて！　またね。

▼琴子のリターン

手紙もらってからすぐに御堂筋に行ってみたわ。本町から難波まで歩いてみてん。もうすっかりイチョウは黄色に色づいてて、綺麗やったで。

祥子に言われて気になって調べてみたら、梅田から難波までの御堂筋沿いの四・二キロの間に九百本もイチョウの木があるねんて！

どうよ、これ？　おしゃれ外苑前に数で勝ってるんちゃう？

ほんで、やっぱり言うてたわ、誰か。でっかい声で「くっさー」って。

わかっててても毎年言わな気ぃすまんねやろな、大阪人。

けど、ほんまうっかりギンナン踏んでもうたら悲惨やもんな。

その靴で家に帰ったら、玄関中があの匂いになるもん（笑）。


せやけど紫色のパンチパーマってなんやねん！　私も見たことないわ。

けど、紫色に髪の毛染めたショートカットのおばあさんは、うちの近所にもいてはるで。

上品でええと思うし、私も全部白髪になったらやってみたい思うねんけど、これって大阪的センスなんやろか……。

3　えらいことになってもうた

琴子、えらいことになってもうたわ。

私が琴子に送ってる手紙のこと、知り合いの出版社の人に何気なく話してみてんやん。そしたら「それ、面白いですね。大阪のおばちゃんのこと、本にしてみませんか」ってまさかのお言葉が！　めっちゃ嬉しかったけど、正直「えーそんな本になんのかな」って不安もあるねん。でもほら、こないだ書いた紫のパンチパーマの話みたいに、大阪のおばちゃん像って色々間違って伝わってることもあるやんか？　そういうのやっぱり無念やし。**間違ってんのに、訳知り顔で語られるんもイヤやし**。大阪のおばちゃんの正しい生き様を知らしめるためにも（ちょっと大げさ？）、ここはいっちょ私が書いてみよかなって思ってるねん。

ほんなら、いくで！　間違った大阪のおばちゃん像を正すために、逆襲開始や！

それにしても、大阪のおばちゃんって**いつからこんな全国区になったんやろな**ぁ。

うーん……、やっぱりあれちゃう？　ほら、関西出身の芸人さんらの力とちゃうかな。

大阪では「**うちのオカンなぁ**」って、オカンネタ話すことって昔からめっちゃ普通のことやんかぁ。電車乗ったらあっちでもこっちでも男女問わずオカンネタで盛り上がってる、みたいなとこあるし。学校の休憩時間とかお弁当タイムは「オカンネタ」の言いあいやん？　みんなひとつやふたつは、鉄板のネタ持ってるしな。

知ってた？　**大阪ではごく当たり前の、自分の家庭でおこった面白話や失敗談を他人に喋りまくるっていう習慣**。これにびっくりする人らもいてるみたいやで。

私が大阪にいた時のことやけど、山口県からお嫁に来て、今は大阪に住んでる女の子に、しみじみ言われたことがあってん。

「地元では、家庭内でおこった話をたとえ友達といえども、ぺらぺら喋ったりしないんです。そんなことを軽々しく話したりしたら、親からも怒られましたし」って。

えらい違いやろ、大阪と。大阪のおばちゃんは、自分の失敗談をネタにされたと聞いても、怒るよりまずちょっと嬉しそうやもんな。

「あんた、どうせこれまた明日学校で喋るんやろー」ってニヤニヤ笑うやん。自分がしでかした失敗談とかを、いかにも喋れという感じで圧力かけてくるオカンもおるもんなあ。

結局オカンもわかってるんよね。**ネタにされるんは、子供から愛されてる証拠**やって。

家庭ネタの主人公って、オトンやおばあちゃんのパターンもあるけど、なんでか知らんけど圧倒的にオカンが多いっていうのも考えてみたら不思議やんね。

あんな、**漫才ブームってあったやん？**　私らが中学生の頃やったかな、だいたい一九八〇年から一九八二年頃やったと思う。あのブームが「大阪のおばちゃん」が広まったきっかけちゃうかなって思うねん。あれで東京に進出し始めた関西の芸人さんらが、全国区のラジオやテレビに出演するようになった時に「うちのオカンってな、笑かしよんねん」とか、鉄板オカンネタを喋るようになったんちゃうかな？　たとえば、笑福亭鶴瓶とか、明石家さんまとか、あのあたりの人らが。

鶴瓶ちゃんといえば、琴子、覚えてるかなぁ。関西で「**突然ガバチョ！**」って番組あったやん？　鶴瓶ちゃんが司会のバラエティ。あれ、ものすごい人気やったよなぁ、みんな見てたし、見いひんかったら学校で話についていかれへんかった。あ、今調べたら一九八二年に番組開始って書いてあるわ。

あの番組の中で、鶴瓶ちゃんが大阪のオカンに扮して即興コントをする「**突然親子**」ってコーナーあったやろ。スタジオ観覧者の中から選んだ素人の子を子供に見立てて、お父さん役は**長江健次**で。お茶の間みたいなセットの中、オカンとお父さんと、子供の三人でご飯食べながら「あんた、今日学校でなにあったん？」みたいなトークを展開していくっていうやつ。

私、今の「大阪のおばちゃん」ブームの原点ってあそこにあるような気がしてるねん。

鶴瓶ちゃん演じる大阪のオカンって超リアルやったやん？　あれ見てた大阪の子供が「うちのオカンも負けんぐらいおもろいで」と思い始めた。そっから我も我もとオカン話するようになったんちゃうかなぁ。で、その中には、きっと今全国区で活躍してる関西芸人さんらもおったと思うねん。

鶴瓶ちゃんはきっとオカンに対して愛情溢れる人なんやろな。鶴瓶ちゃんとオカンの実際の会話をまとめた創作落語もあるぐらいやし。オカンが大好きでよく観察してるから、落語にしても、コントにしてもオカンネタが爆笑ものになるんやと思うねん。

「突然ガバチョ！」よりはもっと時代が後になるけど、大阪のオカンをモデルにしたコントと言えば、**ダウンダウン**の「ごっつええ感じ」でやってた「**オカンとマー君**」もあるやんな。

あの番組は全国区やったから、あれで松ちゃん演じるオカン＝大阪のおばちゃんってイメージがさらに広まったんかもしれんよね。

それからもうひとつ。大阪人の目から見た超リアルな大阪のおばちゃんコントっていえば、**やっぱり中川家**ちゃう？　誇張しすぎず盛りすぎず、あれってすごい的確に大阪のおばちゃんを表現してると思うわ。

あれ？　なんか話がそれてもうたけど……。

とにかく大阪のおばちゃんが全国区になったんは、間違いなくあの漫才ブームがきっかけやったと思うねん。

第一次漫才ブーム→関西芸人のオカンネタ→「大阪のおばちゃんってなんか変」「大阪のおばちゃんって、おもしろいよね」っていう感じで約三十年の年月をかけて、ジワジワと全国に拡まって……。

「大阪のおばちゃんってネタになりそう」と目をつけたメディアが、実際に大阪で取材を敢行。そしたらほら、大阪のおばちゃんって、テレビカメラの前でも自分を作るとかないし、ありのままの姿で喋るやん？　その姿が電波にのって、ますますおばちゃんらの面白さが全国に広まっていったと思うねん。

で、大阪のおばちゃんの印象とインパクトが、全国民の脳に忘れられない記憶として刻まれていき、現在の大阪のおばちゃん全国区進出に至る。

私はそう推測してるねんけど、どうやろ？

▼琴子のリターン

鶴瓶ちゃんって呼び方（笑）。そうやったわ、昔は大阪では鶴瓶ちゃんって呼ばれてたな。
あれって鶴瓶と放送作家の**新野新**がやってたラジオ「**ぬかるみの世界**」で、新野先生が「鶴瓶ちゃん」って呼んでたから一般にも広まったんかな。
懐かしいわ、あの時代、ほんまにみんなラジオに夢中やったな。

なあなあ
うちのオカンの方が
おもろいんとちゃう？
やっぱり
鶴瓶ちゃんは
おもろいわ

「突然ガバチョ！」も懐かしい！

たしかにあったわ、鶴瓶のオカンコント。めちゃ面白かったわぁ。

言われてみたら、あれ見て私らも「そういえば、オカンっておもろいな」っていう気持ちになったかも？

ガバチョ見て育った芸人さんらが若い時からオカンネタに磨きをかけて、そっからの東京進出。そして東京でオカンネタを披露するたびに、大阪のおばちゃんがどんどん世に広まっていった――。

うん、その推測ありえるな。


大阪のおばちゃんで本書くん？　良かったやん。

間違った大阪のおばちゃん像を正してほしいわ。逆襲、逆襲。

あ、でも、それってつまり祥子は東京で大阪のおばちゃんって思われてるってこと？

大阪におる私らのイメージとしては「大阪のおばちゃん」ってもっと上の世代……。いうたら五十代後半からぐらいかなと思ってたけど。世間ではちゃうんかなぁ？

4　大阪のおばちゃんって何歳からやろ？

せやねん、琴子、そこやねん！

もしかして私って「これぞ大阪のおばちゃん」って思われてんのかな、東京では。

いや、おばちゃんって呼ばれるんはええねん。実際もうおばちゃんっていわれても、抵抗できる年齢やないから。

けどな、大阪のおばちゃんを名乗るとなると、ちょっと話は変わってくるような気がせえへん？琴子も、大阪のおばちゃんって私らよりもっと上の世代のイメージあるって書いてたけど、それめっちゃわかる。私のイメージでは、せめて五十代になってからとか、そのあたりで名実ともに立派な大阪のおばちゃんを名乗ることができるような気がするんよ。ほんで、上は無制限。だって大阪のおばあちゃんとは言わへんやろ？　**大阪のおばちゃんは永遠におばちゃんのまんまで生涯を終えると思う**。

つまり、まだまだ私ら程度じゃ迫力不足っていうか経験不足っていうか。恐れ多くって自ら大阪のおばちゃんを名乗るなんてことはようしやんわ。

でもまぁ細かいことは気にせんでもいいか。たとえ東京中の人らが私のことを「これぞ大阪のおばちゃん」って思ってたとしても、それはそれでまあまあおいしいことやし。

あ、そうや。期待に応えて、もういっそ明日から豹の顔プリントの洋服でも着よかな。

あれあれ、やたらと写実的な動物の顔がドーンと中央に描かれてるトップスのこと。今や大阪のおばちゃんのアイコンになってるやつな。

けどたしかにこれについては、間違ってるとは言われへんのよね。もちろんみんながみんな着てるとまでは言わへんけども。でも**虎やら豹やらシマウマやらの顔が描かれた服**着て普通に歩いてるおばちゃんを、大阪のあちこちで見かけるんは事実。**鶴橋あたり**や、**天神橋筋商店街**、それから**十三あたり**に行ったらまず間違いなく遭遇できるかな。トップスは動物の顔入り、ボトムは豹柄レギンス。そんなおばちゃんも、数は多くないけど見たことあるわ。ほんでそういう柄×柄もん着るおばちゃんって、高確率で頭が金髪やねん。ほんで、不思議と声ガッサガサやねん。

でもそんなカッコしたおばちゃんが歩いてても、大阪人は誰も特に気にとめへん。びっくりもせえへんし。もしかしてこのあたりが大阪独特の感覚なんかなぁ。

あ、そうや！　東京で豹柄のストールしてた時のことやねんけど。取引先の男性に「わっ、豹柄。

さすがは大阪人」って驚かれてん。

けど、ここ間違ってほしくないとこやんね。だって**豹柄と豹の顔入りは、あきらかにオシャレ度が違う！**　豹柄は海外セレブもスーパーモデルも愛用してるっちゅうねん！　せやから豹柄身に着けてるぐらいでイチイチ大阪風やと驚かれても、返しに困るわ。

まぁたしかに私の身のまわりの品がちょっと豹柄過多なんは否めへんけども。パスケース、化粧ポーチ（黄色ベースにピンクの斑点をあしらった派手豹柄）、携帯ケース。これ全部豹柄なんはやっぱやりすぎ？

さて、話を動物の顔入りの服に戻すわ。大阪のおばちゃんを象徴するこのアイテムやけど、私は今のところワードローブには一枚もない。琴子も、たぶんそうやと思う（着てるのみたことないし）。

琴子以外でも大阪の友達の顔を思い出してみてんけど……やっぱり着ている友達を見たことがない。私らの世代で（つまり四十代）、動物の顔入りトップス着てる人っているんかな？　おらんよなあ。

はっ⁉　これってもしやマイルドヤンキーならぬ、**大阪のおばちゃんのマイルド化？**　これからはマイルド大阪のおばちゃんの時代に突入なん？

それとも、あれかな。私ら世代も五十代半ばぐらいになったら突如顔入りトップスを着てみたくなるんかな？　これまで見向きもせえへんかったくせに、ある日突然商店街の服屋さんにディスプレイされた豹やら虎やらと目があって、走り寄ってしまうとか？

「**わぁこれええ虎やわぁ。これもらうわ**」って。描かれた虎の顔を撫でる勢いでな。

真相はあと何年か経たへんとわからんけど、もしも琴子が虎の顔入りの服を購入したあかつきにはすぐに教えて。正直に。

その時は私も買いに走るわ。一蓮托生。

あ、でも東京でその手の洋服っていったいどこで売ってるんやろ……。しゃあない、その時は天神橋筋商店街まで買いに行くか、新幹線乗って。あの街にならきっとええ顔した虎やら豹やら見つけられるはずや。

▼琴子のリターン

豹柄と、豹の顔入りトップスの違い！　それ、大事（笑）。

けど、**豹柄でさえも私ら世代はあんまり洋服では取り入れへんよな**。

豹柄セーターとかカーディガンとか、たとえドーンと顔が入ってなくって柄だけやとしても、うまく着こなさへんともう一気におばちゃんくさくなる（泣）。

関西人といえど、**ストールとか靴とか傘とか、小物程度でおさめる人が多い**と思うわ。

今のところ、五十歳になっても六十歳になっても、虎や豹の顔がプリントされた服を着る自分は想像できひんけど。

たしかに祥子の言う通り、これって大阪のおばちゃんのマイルド化なんやろか。

うーん……それがええんか悪いんか、ちょっとまだ判断つけへんわ。

でも大阪観光に来た人らは、マイルド化してもうた大阪のおばちゃんには、ちょっとガッカリするんかも……？

5　ボディタッチは激しめに

ＵＳＪのクリスマスツリーは見に行った？　あれ、電飾数で三年連続でギネスに認定されてんねんやろ？　私も五年前ぐらいに見に行ったけど、あの時でも充分キラキラしてたのに、さらにパワーアップしてるとは……。**さすがは大阪、派手好きやな！**

せやけど、ＵＳＪもオープンして何年かはあんまり人が入らんと「このままやったらヤバいんちゃうか」って囁かれてたような気がするのに、見事に持ち直したなあ。「ハリーポッター」のアトラクションもオープンしたし、当分すごい混雑やろね。

琴子、もし行ったならまた写真でも送って。


十一月下旬といえばそろそろ忘年会シーズン突入でもあるけど、琴子はなんか予定あるのん？　ママ友忘年会とかかかな。

こないだ早くもひとつ忘年会に出席してきてんけど、その場で気がついたことがある。

それは、私ってわりあいボディタッチが激しい人間やっていうこと。

あ、誤解せんといてや。私のそれは、一般的に想像されるものとは一線を画してる。

通常女子が行なうボディタッチって、シナッ、クネクネ、シットリ、ペタッ、ピタッとか、まぁ表現するとこんな感じやん？

でも、私のはちゃうねん。**バシバシッ、ベシッ、スパッ、ドスッっていう感じや。**

けどな、自分のボディタッチの多さに気づいた時、これはもう正真正銘大阪のおばちゃんの証やんって、思ってしまった。


だって大阪のおばちゃんって、**なにかにつけてリアクション大きいから、ボディタッチも激しめ**やない？　もちろんそこからなにか色っぽいことが生まれるなんて、一ミリも考えてない系のボディタッチな。

なんでか知らんけど、**盛り上がった時には体が勝手に動いてしまうねんな**。隣にいる人をバシバシ、あるいはドスッと叩いてしまうクセがある。

あ、これってもしかしたら小さい頃から漫才見慣れてることと関係あるかも？

「なんでやねん！」って言う時のあのつっこみの際の手の動きを見て育ってるから、それが脳内に刷り込みされてる大阪人。

だから大人になってからもボディタッチという形で表れてしまう……とかとちゃうやろか。こんな推測どうやろ？


基本的に大阪のおばちゃんって、**おもしろいこと、楽しいことを人と共有したいっていう意識が強いやん？** ひょっとしたらそれも関係あるかもしれへんね。

自分が感じた面白さを、ボディタッチによって周囲にも伝染させようとしてる。**つまりは場を盛り上げる戦法のひとつかも**。

「な、おもろいやろ。笑えるやろ」を言葉ではなく体で表現してんねん。


大阪のおばちゃんと話す時にはボディタッチの洗礼を受けるということ、これから大阪に旅行しはる人らも認識しておいたほうがいいと思う。大阪のおばちゃんは、旅行者でも初対面の人にでも男女問わず誰でもおかまいなしに、バシバシいくからな。

ほんで大阪のおばちゃんらからタッチされたからと言って、男性はそこにお色気の気配を感じてとまどう必要はまったくないってこと、これもよう覚えといてほしいわ。

皆さーん、大阪のおばちゃんにとってはボディタッチは親愛の情の証と、そして場を盛り上げるため。決して狙ってるとか変な意味はありませんよ。せやから安心して広い心でバシバシっとタッチされてくださいね。**バシっといかれたらガハハと笑って返して、**みんなで楽しくなりましょう！

ってここでアピールするんも変な話やけど（笑）。

▼琴子のリターン

ＵＳＪのツリー、めっちゃ綺麗やったらしいで。娘情報やけど。

うちの子、高校生なったらＵＳＪの年間パスポート買ってくれって、今からおねだり激しいねん。たしかに友達はみんな持ってるからなぁ。年パスは、今や大阪のイマドキの子供の必需品になってるわ。しゃあないから、うちも高校生になったら買うつもりやねん。出費やわぁ。

あ！　そうや！　これ言おうと思っててん。

こないだ関西ローカルのテレビで、**東京と大阪のユニクロフリースの売れ筋の違い**って特集やっててんけどな。東京のユニクロフリース（レディース）の売れ筋№１はグレーやねんて。対する関西はダルメシアン柄らしい！

ほんで「この売れ筋の違い、どう思いますか？」って大阪の人らにインタビューしててん。そしたら「**同じ値段やねんやったら、色とか柄とかあるほうが得やん**」みたいなこと答えてはったわ。

どう？　これ、なんか参考になる？

6　派手でなんぼの精神

琴子、ええヒントをありがとう。

おもろいなぁ、その東西別のユニクロフリース売れ筋話！

琴子からメールもらった時、ちょうど新宿にいてたからすぐにユニクロに見に行った。

そしたらあったあった、ダルメシアン。

白黒ダルメシアン柄に、真っ赤なパイピング入りのやつな。派手やった！　売り場でもめっちゃ目立ってた。たしかにあれ、大阪のおばちゃんが好みそうやわ。

「同じ値段やったら、色とか柄いっぱい使ってるほうが、お得な感じするやん」

「グレー一色って、なんか損した気ぃする」

そんな**大阪的思考からのダルメシアン推し**。かくいう私も**東京の売れ筋はグレー**って琴子から聞いて「えらい地味な色が売れてんねんな」とメール画面にむかってつぶやいてしまったけど。だって、グレーとダルメシアンのフリース、どっちかプレゼントしますって言われたら、迷わず私もダルメシアンを選ぶもん。部屋着はなるべく明るい色着たいって思ってるし、なんといってもグレー**はちょっと辛気臭いねんなぁ**。

辛気臭い――。この言葉、大阪のおばちゃんよう使うやろ。辞書でひいてみたら「思いどおりにならなかったり、気がめいるさま。くさくさするさま」とある。私も調べてみて初めて知ったけど、これって主に関西地方で使われる方言らしい。

そういえば、大阪のスナックのデュエットソングの定番中の定番に「**浪花恋しぐれ**」ってあるやんか？　そうそう、**都はるみと岡千秋**の。おっちゃんが、スナックのお姉さんにお相手お願いして、気持ち良さげに熱唱するあの一曲。まぁなにを隠そう私も大好きなんやけども。

あの曲の中でも「辛気臭い」は登場するねんで。覚えてない？　セリフの部分なんやけど。岡千秋さんが桂春団治師匠に扮して、恋女房のお浜にこう叫ぶねん。

「なんや、その辛気臭い顔は　酒や酒や酒買うてこい！」って。

このセリフみたいに、大阪では「暗い」とか「どんよりしてる」という意味で使うことが多いと思うねん、辛気臭いって。

そういえば私も昔お母さんに言われたことあるわ。上から下まで黒ずくめの格好してる時とかに。「**なんや辛気臭いカッコやなぁ。あんたはカラスかっ**。もっと明るい色着たらええのに」って。

大阪のおばちゃんは「辛気臭い」ことや物が苦手やもんね。**できれば辛気臭い顔はせずに、人生笑って楽しい顔で過ごしたい**って考えてる人が多いもん。

そのせいか全体的に明るい色めの服装を好む人が多いし。

クローゼットを開けて、そこに並んだ服が柄も色もなく黒・紺・グレーなどの無彩色オンリーやったら、大阪のおばちゃんはたぶん元気が出えへんねやろな。それこそ辛気臭い顔になってしまう。

「柄もん着てこそなんぼ、派手な色着てこそなんぼ」の大阪の中で、あまりに地味やったら埋もれてまうもんね。

もしかしたら待ち合わせしても、壁と同化してるせいで誰にも気づいてもらわれへんかもしれへんし。

って、ごめんごめん。最後はちょっと話盛ったわ。

▼琴子のリターン

ずっと大阪におるからか、大阪のおばちゃんが特に派手かどうかはわからんねんけど、たしかに明るい色を着てる人は多いな。

でも赤とかピンクとかオレンジとか、私は滅多に着ぃひんよ。若い時と違って、今ではちょっと着るのに勇気いるっていうか……。けど祥子は、よう今でもそんな色着てるイメージあるわ。

あ！　つまりはやっぱりそういうことなんちゃう？

明るい色着て、豹柄好きで、持ってる小物も派手。

それじゃやっぱり東京の人から「これぞ大阪のおばちゃん」扱いされてもしゃあないで。

もう開き直りーや！　「はい、私こそが大阪のおばちゃんです」って！

ほんで東京に住む元大阪のおばちゃんならではの目線で、大阪のおばちゃんの分析に精出してーや。これからも手紙、待ってるでーー。

7 ブランドものはわかりやすいロゴ入りをチョイス

琴子に言われて、クローゼットの中を見渡してみましたよ。はい、たしかにありました。ショッキングピンクにオレンジ、真っ赤なセーターが。そう言われてみれば、最近買った黄色と白のツートンになっているバッグ、お仕事先の人に「そのカバン、印象的ですよね」と言われた。印象的って、もしかして派手ってことか？

ちょっと前の手紙で私のバッグの中身が豹柄だらけと書いたけども、実は東京の人らに驚かれてるんは豹のせいだけやないねん。

フリスクケースは、ユニオンジャック柄をスワロフスキーでデコったもの。スケジュール帳は目が痛くなるほど鮮やかな紫。メモとクリアファイルは、アンディ・ウォーホル展で購入したお気に入りの牛の絵が描かれたもので、その配色は黄色と紫。そして極めつけはお財布がピンクゴールドやねん。

黄色というバッグの色目にまず驚かれ、さらに中から出てくる各アイテムにも驚かれることがしょっちゅうある。「カラフルですねー」って。

そうか、そうやったんやな。あの言葉はつまり「いかにも大阪のおばちゃん趣味ですねー」と同義語やったんや。今気づいた。遅っ。

うんうん、もうええです、それで。

大阪在住の琴子からもお墨付きを頂いたことやし。私、大阪のおばちゃん代表であることを、しっかりと受け止めて生きていくわ。あ、今は東京に住む元大阪のおばちゃんか。ややこしな。けど、そういう私やからこそ、間違った大阪のおばちゃん像を正し、リアルな姿をお届けする逆襲本の著者としてふさわしいわけやん（自画自賛）。

間違った大阪のおばちゃん像を正す、私のひとりぼっちのこの逆襲。その始まりと私のおばちゃん自覚日を記念して、今日からは「大阪のおばちゃん」やなく**「大阪のオバちゃん」と書くわ**。深い意味はないねんけど、なんか可愛くない？　カタカナとヒラガナ混ぜこぜのほうが。

あえてのオバちゃん。ちょっと新種の生き物っぽくもある。よし、今後はこれでいこっと。いや、琴子は全然共感せんでもええよ。物書きの小ちゃいこだわりな。

大阪のオバちゃんのファッションセンスについて考えてたら、もうひとつ書いておくべきことを思い出した。

それは、大阪のオバちゃんは「**わかりやすいブランドものが大好き**」っていうこと。

たとえば、同じシャネルやヴィトンのブランドバックならば、ブランドロゴがはっきりわかりやすく記されているものをチョイスする人が多いと思うねん。

でも東京は真逆やで。「あまりあからさまに主張しているものは、ちょっとね」という考えから、さりげなく控えめにロゴが入ったタイプを選ぶ人が多いような気がする。

あ、でも**この東京センス、神戸も共通してるんちゃうかな**と私は思う。


二十代の頃、神戸の元町にあるデパートに勤めてたことあるやん？　某有名メンズブランドの販売員として。そこで一年間働いて、それから大阪のミナミにあるデパートに異動になってんけど。

神戸から大阪へ移った当初は、お客さんの年代は変わらへんのに、その好みがあまりにも違うことにめちゃくちゃ驚いた。大阪店に異動した初日から、大阪のオバちゃんならではの洗礼を浴びたもん。

メンズブランドやねんけど、プレゼントとか旦那さんの代わりに服選びに来た、っていう女性客がかなり多かってん。

一応ロゴ見たら誰もが「あぁ、あのブランド」って知ってるブランドやったやん？

異動初日にやってきた大阪のオバちゃんは、入店していきなりこう尋ねた。

「ロゴが大きく入ってる服探してるねんけど、ある？」

神戸ではな、ひとめでブランドとわかるような派手なロゴ入りよりも、ロゴなしや、たとえロゴが入っていても小さくワンポイントって感じの洋服が好まれててん。

神戸馴れしていた私は、そのオバちゃんに言われた時も、ついひかえめなロゴ入り商品を差し出してしもてん。そしたら速攻で否定されたもんね。

「あかん、あかん。そんな小さく入ってるん、目立たへんやん。もっとこう真ん中にガーンと大きく入ってるやつないん？　ロゴが」

出したよ、素早く。**胸の真ん中にはっきりくっきり大きくブランド名がプリントされたトレーナーを。**神戸のお店では発注されてなかったタイプやったけど、そのオバちゃんは満足げな顔でお買い上げしてくれはったわ。

でもそこから数日勤務してわかってんけど、大阪ではそれは一番の売れ筋で、早々にサイズ切れとなる商品やってん。

大阪のオバちゃんがはっきり目立つロゴ入りのものを好む理由は、例のあれやな。

「ロゴが目立てへんかったら、せっかくブランドもの買った意味がないやん。高いお金出して買うたのに、損した気ぃになるわ」っていう理由やね。

とにかく大阪のオバちゃんは派手なカラーとわかりやすいロゴ入りアイテムを好む傾向にある。

もしも、大阪のオバちゃんをお姑さんに持ったなら、なにかプレゼントする際にはこのあたりを

あかん、あかん!
もっと真ん中に
こうガーンと大きく
ロゴ入ってるんない?
こちらなどは
いかがでしょう

押さえといたらいいんちゃう？

▼琴子のリターン

祝！　祥子が大阪のオバちゃんとして生きようと決めた日！

おめでとう♪　応援するわ。私も祥子風に「オバちゃん」にあわせてみたで（笑）。

たとえ大阪に戻ってきたとしても、祥子なら今すぐ大阪のオバちゃんの先輩方と混じっても充分やっていける。なんならサブリーダーぐらいにはなれるで。

ほんで将来的に**目指すんはもちろんクイーンオブ大阪のオバちゃんやわな。**

8　一日一おせっかい

誰がクイーンオブ大阪のオバちゃんやねん！

と、まぁそれは置いといてやな。

琴子。今日もまた「**あぁこれぞ大阪のオバちゃんって感じ**」という自分の行動に気づきました。

地元の駅の券売機でおじいさんが電子カードにチャージをする方法がわからずに、何回も失敗してはるのを目撃してしもてん。私は隣でチャージしてたから、そのおじいさんが失敗する原因はとっくにわかってた。

三回目の失敗を見た瞬間、もうあかんかったね。私の中に流れる大阪のオバちゃん的おせっかい気質がムクムクと頭をもたげてきて、つい声をかけてもうた。こんな感じで。

私「チャージですか?」

おじいさん「あぁ、そうなんです」

私「じゃあ、まずそこにカードを置いてくださいね。これ、完了アナウンスがあるまで絶対に触らないでください。で、次にお金を入れて……」

決して私に助けを求められたわけじゃないねん。もしかしたらよけいなお世話やったんかもしれんねん。それでも、教えてあげたくてたまらなくなるんよねー。

おじいさんのチャージが無事完了したあかつきには、乗るはずの電車が行ってしもてた。でもええねん。「今日ええことしたな」って夜寝る前に布団の中で微笑みながらつぶやいたわ。

大阪のオバちゃんって困ってる人や弱っている人を見たら、**「私が何とかしたらなあかんわ」と思ってしまう本能**を持ってると思わへん？　やたらと義理人情に厚い。

街中で観光客らしき人に声かけてるオバちゃんもよく見かけるし。

「どないしたん？　どこ行きたいん？」って。

たとえば観光客がガイドブックに掲載されているお好み焼き屋さんを探して質問したとする。

オバちゃんは「あーーはいはいはい。知ってる知ってる。そこやったらな、まずこの道ダーってまっすぐ行って。右にギラギラしたネオンの看板あるから。それ超えて次をシュっと右に曲がったらすぐやよ」と擬音たっぷりで全力で答えてくれることでしょう。

けど、道を教えるだけで終わればいいねんけど、たまにこんなんまで言うてまうオバちゃんがいてるやろ？

「お兄ちゃん、お好み食べに行くのん？　それやったらもっとええ店あるよ。教えてほしい？　ガイドブックとかに載ってない穴場や、穴場。なあ教えてほしいやろ？」

いや、特に教えてほしないねん。それな、おせっかいっていうやつやねん。

まぁこんな風にたまにおせっかいさく裂な場合もあるけれど。これも悪気はないねんよね。とにかく大阪のオバちゃんは、**自分の知っている情報は喋りたくって仕方がない**！　よかれと思ったことはガンガン人に押しつける！　いや、教えてあげる！

結果、おせっかいとなってしまうことも多々あるけど、大阪のオバちゃんはおかまいなし。おせっかいやきをした日には「今日はええことしたわぁ」と満足して家路につく。

ほんで晩御飯の時には**家族に「今日な、こんなことあってんで」と楽しそうに報告してるはず**。

それが大阪のオバちゃんの一日の正しい締めくくり方とちゃうやろか？

あ、そうそう、言い忘れるところやった。

今年も年末年始に帰省することにしたから、お互いのタイミングが合う時に、会いたいわ。御堂筋のイルミネーション、見に行きたいねんけど。関西でイルミネーションっていえば、神戸のルミナリエが有名やけど、御堂筋のイルミネーションもなかなか綺麗やと思う。なんといっても、混んでないし。私が一番好きなんは、ピンクカラーのイルミネーションかなぁ。あの色が一番関西らしいと思わん？

▼琴子のリターン

夏以来やなぁ、会えるん。

どこに行こうかな。やっぱりおしゃれタウン東京から帰ってきた祥子にふさわしく（笑）、今の大阪の流行発信地とも言えるグランフロント梅田に行く？

あ、知ってた？　大阪駅に三越伊勢丹があったやろ？　今改装してるねん。

どうも三越伊勢丹じゃ営業厳しかったみたいで、ルクアになるとか、そんな話らしい。

東京では伊勢丹って一番人気のデパートなんやろ？

大阪人にウケんかったんはなにが原因なんやろね。隣のルクアは絶好調らしいのに。

御堂筋のイルミネーションにも行こう。

とりあえず、帰ってくるの楽しみにしてます！　おせっかいオバちゃん！

9 せっかちすぎる生き方

琴子。ホントにさ、大阪のオバちゃんって、びっくりするぐらいせっかちだよね。

まずは、歩くのが速い。特に急いでなくても、速い。そんな大阪で長年鍛えられた私だもん。東京に暮らし始めた当初「東京の人ってのんびり歩くなぁ」って感じたんだぁ。

「もしや全員スマホ見ながらの、ながら歩きじゃ?」と思って、追い抜きざまにチラっと確認したんだけど、そうじゃなかったんだよね。みんなごく普通に前を向いて歩いてるんじゃん。

でも、東京と大阪の違いって、歩き方だけじゃないからさ。たとえばね、飲食店などでの接客の仕方！　ここにも大きな違いがあるんだよ。大阪のオバちゃんが見れば「なんてのんびりなんや！」ってきっとびっくりするんじゃないかな?

まだまだ行列必至の東京・原宿付近のパンケーキ屋に、大阪のオバちゃんが遊びにきたと仮定するね。

琴子もよく知ってると思うけど、本来なら**大阪のオバちゃんは行列が大嫌いじゃん？**　でもせっかく東京まで来たし、並んでみようかなと、最後尾についたと想像してみて。

たぶん……オバちゃんたちが大人しく並んでいられるのは十分が限度じゃないかな？

なぜこんなにも遅々として進まないのか？

オバちゃんたちは、その理由を知りたくてたまらなくなり、なんとかして店内の様子を覗きこもうとし始めるはず。他のお客さんが大人しく座ってるにもかかわらずね。もしそこがガラス張りのカフェなんかだったりしたら、もう大変だよ。

「ちょっとあれ見て！　席、ぎょうさんあいてるやん」

「なんで案内せえへんねやろな？」

オバちゃん同士の会話がボリューム大で始まっちゃうと思うんだ。さらにはテーブルの上の食器を片づけるスピードにも目を留めるに違いないよ。

「えらいのんびりしてるなぁ」

「大阪やったら、あれ通用せえへんわな」

「お客さんに、めっちゃ怒られるな」

なんなら自分が店員さんのかわりに中で働いてしまいそうな勢いじゃん。さらにこの件について延々とマシンガントークが続くはずだね。

実際のところ、大阪のお客さんって、厳しいもんねー。空席ができたなら、すぐに次のお客さんを入れないと「ちょっとお姉ちゃん。あそこ、あいてるやん。なんでいれてくれへんの？」って指摘されちゃうもの。

大阪では席が空いてるのに、客を並ばせるのはご法度。だから大阪の飲食店の店員さんはとにかくテーブルの上のものをすごい勢いで片付け、素早く動いてお客さんを案内するもんね。

もしかしたら大阪では、はっきりとわかりやすくバタバタしていることこそが真面目に働いている証、というところがあるかもしれない。ねえ、そう思わない、琴子？

私も東京に来たばかりの頃は、外には行列、けれど中には綺麗に片付けられた空席がいくつもあるという光景をみるたびに、不思議で仕方なかったんだ。大阪ではまず見ない光景なんだもん。

うん、もしかしたら厨房のキャパとの兼ね合いもあって、あえてお客さんを入れないようにしてるのかもしれないけど。それにオシャレカフェなんかでは、大阪流必死さアピールのすごい勢いで片付ける、っていうスタイルは優雅じゃないし、お店の雰囲気にあわないから、禁止されてるのかもしれないよね。

でもとにかく大阪のオバちゃんは優雅じゃなくってもいいから、ササッとお客さんをさばいてほしいと思うんだよね。

大阪のオバちゃんは、そのせっかちさゆえに、信号待ちする際でもなるべく一番前に出ようとするじゃん？

あと、道に迷うのも嫌いだよね。時間の無駄だから。迷って時間を無駄にするぐらいなら、即人に道を訊く！　道を訊くことにあまり恥ずかしさを感じないのも大阪のオバちゃんの特徴だよね。

そうそう、大阪のオバちゃんは自分がすぐ人に道を尋ねるからか、反対の立場、つまり道を尋ねられた時も、なるべくわかりやすいよう丁寧に教えようとする傾向にあると思うんだ。

なんせ、**大阪には「困った時はお互い様」っていう精神が根付いているん**だもん。親切な人が多い！

ただ、気をつけないといけない点がひとつあるね。親切ではあるけれど、そこに**おせっかいでおしゃべり好き**という性質もからんでくるから、少しやっかいなんだよ。

道を教えるだけで終わらずに、質問とはまったく関係のない余計なトークが展開されてしまう危険性が多いにある！　なので急いでいる時はなるべく無口そうなオバちゃんを選んで道を尋ねるようにする。複数のオバちゃんは最も危険。これ、大阪での鉄則かもね。

琴子、今日も最後まで読んでくれてありがとう。また書くからね。楽しみに待っててて。

年の瀬が迫るとなにかとバタバタするじゃん？　体調崩さないように気をつけるんだよー。じゃあまたね。バイバーイ。

▼琴子のリターン

ちょっと、なに⁉　なんなん、今回の手紙。喋り方！　めっちゃきしょくわるいやん。

あ、もしかして、祥子そっちにおる時、もうすっかり東京弁なん？

じゃんじゃんって普通に言うてんの？

ほんで、まさか帰省しても東京弁喋る気ぃなん？

祥子が、あのコテコテの大阪弁の祥子が、東京弁喋ってると想像しただけで**さぶいぼたったわ**。

そうかー、わかったで。もう**大阪弁を捨ててんな**。**大阪も捨ててんな**。

こないだの手紙であんなに高らかに「東京にいても、大阪のオバちゃん宣言」したくせに、あれは単なるその場のノリやったんやな！　高田純次ばりのテキトーやったんや。

わかった。「**祥子は東京に魂売った**」ってそうみんなに言いふらしたるねん！！

10　大阪弁、ラブ

あーおもろー。琴子、あんたほんまおもろいわ、最高！　めっちゃ想像通りの反応、ありがとう。

こないだの手紙、あれはあんたの反応見るためのテストやってん。

コテコテの大阪弁のイメージしかない私が、突然東京弁を喋ったら。はたして大阪在住の友人はどんな反応を見せるか……。

そう考えて、あえてあの喋り方で手紙を書いてみた。ほんだら想像通りの完全否定、猛烈な拒否反応で笑ったわ。

大阪の人って、**上京した大阪人に対して絶対「魂売った」って言うやろ。言いたいねん、**それがどうしても。一回は言わんと気ぃすまんねん。

せやから、琴子も一回ぐらいは私に言うてみたいんちゃうかなあって察してあげてんよ。あえて言わしてあげたんよ。どない？　お約束が言えてすっきりしたやろ？

なんてサービス精神たっぷりな私やろな。

心配せんといて。東京に来て二年たったけど、いまだに大阪弁のまんまやで、私。なんやろなぁ、大阪人にとって東京弁っていうのはなんかものすごくハードルが高い。それは、テレビの中の人だけが喋るよそ行きの言葉、っていうか。

東京に住んでいる今でさえ「そうじゃん」「違うんだよ」なんてシラっと喋る自分を想像しただけで恥ずかしくってモゾモゾしてしまうわ。あの手紙書いてる時も、さぶうてしゃあなかったわ。

せやけど**大阪のオバちゃんって、ほんま大阪の街と大阪弁を愛してる**と思う。オバちゃんだけやなくって、大阪人全般がたぶんそうなんかも。

東京に住む大阪人が、大阪に帰省した際にチラリとでも東京弁がでようもんなら大変や。速攻で指摘されるから恐ろしい。

「え、なんて？　もしかして今、東京弁喋ったんちゃう？　あ、さては普段東京弁喋ってるねんな！」「ついにあんたも東京に魂売ってんな」「**なにが、じゃん、やねん！**」と総攻撃を浴びてまうことは間違いないわ。

指摘するんは友達だけやなく、オカンかって！　だから東京から帰省してきた大阪人は、家でかって気ぃ抜かれへんもん。
たとえばこんな会話、あるあるやろ?
息子「ねえ、今日の夕飯、なに?」
オカン「ちょぉ待って、きしょくわるー。あんた、今なんて言うたん?」
息子「だから、今日の夕飯」
オカン「ちゃうちゃう。あんな大阪の子やったらな、今日の晩ご飯、なんなん? やろ?」
息子「あ……」
オカン「あーさぶぅ。なんやあんたに東京弁喋られたら、さぶいぼ立つわ。ほら見てみ、お母さんのこの腕。めっちゃブツブツなってるやん」

「そうじゃん」「違うじゃん」のようにじゃんじゃん言わんかったとしても、ほんの少しのイントネーションの変化を大阪のオバちゃんは見逃さへん!

そうや、知ってた? **「さぶいぼ立つ」って、関西地方の方言らしい**。琴子もこないだのメールで使ってたな。

大阪人はとにかく多用するわな、これ。**怖い話を聞いた時や、人がギャグを言うて激しくすべってしまった時**とか、絶対誰かが言うもんな。「うわ、さぶいぼたったわ。見て、見て!」って。ほんで**絶対人に見せたがるねん、さぶいぼ**。寒い季節なんて、わざわざ着てるセーターの袖まくってまで見せたがる。なんやろ、あの心理。別に人のさぶいぼ、見たないっちゅうねんな。

関西から全国区に進出した芸人さんたちのおかげで、今やテレビの画面から普通に大阪弁が流れる時代。そのせいか、大阪弁を愛しすぎているせいか、東京に住んでいようとも方言で通すのは圧倒的に関西人らしい。

でも、**やっぱりたまーにまったくう通じひん方言もあるねんで。**

たとえば「さら」。これは大阪弁で新品ってことやんか？　このさらをめぐって、こないだこんなことがあってん。

友達から本を借りてて。それを雑誌の付録についてたエコバッグに入れて返却しようと思ってん。イタリアンレストランに入って友達に「**本、ありがとう。これさらやから、よかったら使って**」って言いながらバッグを渡してん。そしたらその友達「え？」って言うて、バッグ持ったままポカーンとしてるんやんか。聞こえへんかったんかなぁって思って再度「それ。さらやから」って言うてみてんな。

次の瞬間、その友達まさかの行動に出たで。キョロキョロとあたりをみまわして、ディスプレイされてたお皿を指さし「これ？」って聞いてきてん。まさかのさらを皿。びっくりした。ちょっとしたミニコントかと思ったわ。

そこで初めて「さら」がわかれへんねんや！　と気づいたわけなんやけども。

琴子も、さらが方言なんて考えたこともなかったやろ？　関西だけやなくって九州地方でも使うらしいんやけどね。

ついでにいうと**関西では捨てることを「ほる」って言うやろ？　あれも全国区では通じひん方言やってこと、**たぶん多くの大阪のオバちゃんは知らんのちゃうかなぁ。

そういうわけで、未だにコテコテの大阪弁で毎日を過ごす私やけど。たまに出身地の方言を「可愛くも面白くもないから」と完全封印している人を見かける。でもな、これってちょっと寂しくない？　どこの地方の言葉であれ、方言ってネタになるし、それだけで会話もぐーんと拡がると私は思うねん。

こういうのどうやろ？　飲み会でも会社の休憩時間でもええねんけど、今から方言だけで会話をする、って時間をたまには作ってみるとか。意外と盛り上がりそうな気ぃするねんけどなぁ。

いずれにしろ、**生まれた場所の言葉やもん。なかったことになんてせんと、やっぱり大事にしたいやん。**

私も大阪のオバちゃんらしく、東京に何年住もうが大阪弁ラブを貫いて生きてみせるわ。

▼琴子のリターン

なーんや、テストやったん？　すっかり引っかかったわ。

祥子はもうオシャレ東京に染まって、大阪を捨ててしまったんやなぁって思った。大阪のオバちゃん宣言なんて嘘で、とっくに東京に魂売ってたんやって。

めっちゃ**大阪人あるあるな反応**してしまったやんか。思うツボやな。恥ずかしいわ。

そやけどよかった、まだそっちでも大阪弁喋ってるんやな。

手紙でもあんなにきしょく悪かったのに、今度会った時に生であんな東京弁を祥子の口から聞かされたら失神しそうやもん（笑）。


ところでな、心斎橋大丸が建て替えするって知ってた？

あの建物がまったくなくなるかどうかはわからんねんけど、祥子ともよう一緒に買い物行った想い出の場所やし、一応お知らせしとこうと思って。

11 相槌のうまさは神の域

あぁ、心斎橋大丸の建て替え！ なんて哀しいニュースなん！ 築八十年以上、いわゆる大正モダン建築として知られるあの建物が！

特に御堂筋側から見た時の存在感が素晴らしいねん。黄色く色づいた御堂筋のイチョウと、大丸が織りなすコントラストも目に焼きついてるし。冬に電飾が施された姿も綺麗。

数々の有名な教会や建物を設計したウィリアム・メレル・ヴォーリズの建築やというのに、建て替えしか手がないんやろうか……。あんなに荘厳で気品があって、かつ温かみのある百貨店は大阪市内では他にはないと思うねん。どこも建て替えしてしまったし。

そら老朽化はわかるけど、なんでもかんでも建て替えってやっぱりちょっと寂しいよな。中之島にある大阪市中央公会堂みたいに、保存・再生工事をして現存のままで、ってなれへんもんなんかな。

大阪のオバちゃんにとっては、心斎橋に行けば必ず立ち寄る憩いの場所なわけやし。

琴子ともよう行ったやんね。**アメリカ村にあるオムライス発祥の店「北極星」**でランチしたあとは、ぶらぶら歩いて心斎橋へ。大丸行って洋服見て、隣のそごう（今は大丸の北館やけども）行ってまた洋服見て、結局大丸戻って靴を買う――。

そんな楽しい思い出しかないあの建物がなくなってしまうんは寂しい。あちらこちらで使われてる豪華な大理石とか、アールデコ調のエレベーターとか、正面で羽を広げる孔雀のレリーフはどうなるんやろうね。

閑話休題。

東京の人が大阪に行った際にまず驚くんは、**大阪の電車の中がめちゃ賑やかやってことらしい。**

ほんで、その反対のことを、東京に来た当初、電車に乗るたんびに私も感じてた。

「東京の電車の中って静かやなあー」って。こないだ大阪から友達が遊びに来てんけど、電車乗った時にあたりをしばらく観察してからこう言うた。

「**東京って、電車の中で喋ったらあかんの？**」って。

いや、よーく見たら、喋っている人はいるねんで、東京にも。でもまるで誰も喋ってないように思えるんは、大阪に比べると喋っている人のほうが圧倒的に少ないことと、声のボリュームが小さいからやと思うねん。

考えてみたら、電車とは公共の乗り物なわけやし。喋ったとしても周囲の人の迷惑にならないようにボリュームを調節するのが当然のマナー。

けれどこれが大阪人にはなかなか難しい！

特に大阪のオバちゃんの声の大きさは超一級、誰も太刀打ちできひんほどのボリュームやもん。東京の人が十人以上束になってかかっても、大阪のオバちゃん二人の声の大きさにはかなえへんと思うわ。

そこで考えてみてん。なんで大阪のオバちゃんの車内のおしゃべりボリュームは大きいのか？答えは簡単やったわ。それは、会話が盛り上がってるからやん。ほんで、大阪のオバちゃん同士の会話がなんでそんなにも盛り上がるかというと……それは大阪のオバちゃんがめっちゃ相槌上手やからと思う。

テレビでよう流れる「これぞ大阪のオバちゃん」的なイメージ映像あるやん？　あれにもちょっと物申したいと思ってるねん。

画面に映ってるんは我も我もと機関銃のように喋りまくるオバちゃん達ばっかりやんか。人の話が終わらんうちに自分の話をかぶせて、さらにまたその次のオバちゃんもガッツリとかぶせてくる。

おネエちゃん
毎日お疲れさん
飴ちゃん食べる？
遅いやないの
はよ、乗って！
ちゃうねん
ちゃうねん

そんな映像ばっかり。
私は声を大にして言いたい！　大阪のオバちゃんはたしかによう喋る！　声もデカい！　けれど喋り上手である以上に、聞き上手の相槌上手でもあるんですよーって。

「うんうん、せやなぁ。ようわかるで」「ほんで、どないしたん？」「それは、えらいこっちゃなぁ」「わやくちゃやん」「なんぎやなぁ」「なんなん、それ！？」「それ、めっちゃおもろいやん！」

他にもまだまだある相槌レパートリー。大阪のオバちゃんたちはこれらを会話の途中に絶妙なタイミングでスルっとはさみこんでくる。**あれはもはや、神の域。**

大阪のオバちゃんの喋りは攻撃的すぎて怖いとか言われるけど、「せやなぁ」「ほんで？」などの相槌はめちゃめちゃソフト。**はんなりやわらかい癒し系の感じさえあると思うわ。**

この絶妙な相槌のおかげで、大阪のオバちゃんの会話はたとえ車内といえどもすぐに盛り上がってしまうんとちゃうやろか。

で、東京では考えられないほどの賑やかな電車の中となってしまう。一番わいわい賑やかなんは、やっぱり大阪環状線ちゃうかなぁと思ってるけど、どやろ？

特にストレスフルやと言われる東京の人らは、一回懐の深い大阪のオバちゃんに悩みを打ち明けてみたらいいんちゃう？

大阪のオバちゃんは人の悩みを聞く時でさえ、一生懸命、全力投球やで。

「ふーん、えらいこっちゃな」「そんなん、気にせんときぃ」

愛あふれる大阪のオバちゃんの相槌シャワーをたっぷり浴びたなら、ストレスで押しつぶされそうな人らも、ちょっとぐらいは心が軽くなると思うねんけどなぁ。

▼琴子のリターン

大阪の電車の中は騒がしいって言われてることは、なんとなく知ってたで。オバちゃんだけやないもんね、喋ってるの。学生もサラリーマンもカップルも、老若男女問わずやな。ほんま、大阪人は喋りやと思うわ。

でもな、東京の電車ってシーンとして、みんなすっごい憂鬱そうな顔してるってイメージあるねんけどこれって偏見？

大阪はな、電車の中でも**アホな話**とかしてるせいか、**わりあいみんな陽気でのんびりした顔してる人が多いわ**。

って、大阪人はどうしても東京にライバル意識あるから、こんなふうに思ってしまうんかな。でもライバル視はしゃあないわ。遠い昔、東に都をとられたっていう恨みが代々受け継がれてるねんよ（笑）。

12　口を開けば「ちゃうねん」と

「アホな話」……アホって言うたな、琴子。

「あんた、ほんまアホちゃう？」「アホやろ、それ」「アホなこと言いやなや」大阪のオバちゃんが一日で何度も口にする言葉、それがアホ。

でもな琴子、**大阪以外の人に軽々しく「アホ」言うたらあかんらしいでー**。いくら芸人さんらのコントや漫才で聞き馴れているとはいえ、やっぱりこっちでは実生活で「アホ」って気軽に口にする人は多くないもん。「バカ」はよう聞くけど。

大阪のオバちゃんなんて、会話の締めくくりとしても使う時もあるもんね。**唐突に会話を「アホか」で終わらせるっちゅう荒技**。その場合のアホかにあんまり深い意味ないやん？　心の底からアホって言うてるわけやないっていうか。親しみこめて言うてる場合もあるし。

そんな「アホ」やけど、東京ではけっこうひどい言葉みたいに思われる時があるらしい。だから私もなるべく言わんようにはしてるつもりやけど、なんせ口癖やしなぁ、知らん間に言うてるかも……。

大阪でアホって言うたら、なんといっても**坂田利夫**師匠やね。御年七十三。こないだ、歌番組で見たで。東京で坂田師匠の顔を見られるとは！　となんか興奮したわ。もちろんあの名曲「アホ、アホ、アホ、アホの坂田」にのって登場してはった。

あの曲と、あの歩き方だけで確実に爆笑とれるから、ほんま坂田師匠はすごいわ。大阪ではあの歌、お年寄りから子供まで知ってるもんな。

坂田師匠の素晴らしさはちょっと置いといて。

ついでやから、アホ以外の大阪のオバちゃんの口癖についても考えてみた。

「**ちゃうねん**」——今や大阪以外でも広く使われるようになった言葉。違います、という意味やけども、大阪のオバちゃんは決して否定の時だけに使うワケやないと思う。

言い訳や、話題を変更する時、とりあえず会話の口火を切る時にも使用される**オールマイティな言葉**になってると思うねん。

たとえば待ち合わせ時間に遅刻してきた場合、大阪のオバちゃんは開口一番「ちゃうねん、ちゃうねん」って言うやろ。なんでか知らんけど、二回続けて言う場合が多い。

ほんでそう言うたあとに「なんで遅れたか言うたらな――」と言い訳が始まる。

誰もなんにも喋ってないうちからの、いきなりの「ちゃうねん」。この場合は「遅刻してごめん。ほな今から言い訳始めますよー」の合図のような使いかたやね。

「ちゃうねん、ちゃうねん」のかわりに「ちゃうねん、あんた」と呼びかけをプラスして親しみを込めるという技もよう見かけるな。

次は「**えげつないなぁ**」。訳すと「ひどいなぁ」が近いかな？

たとえば、嫁からなにかキツイことを言われたとぼやく姑さんがいたとしたら、そのお友達は「あの嫁、えげつないなぁ」と言ってなぐさめる。また、買い物に行って商品の値段が自分が思ったものより相当高かった場合も「いやぁ、えげつなぁ」と捨てゼリフを残して去っていく。テレビで児童虐待などの悲しいニュースを見た場合も「えげつない話やで」と嘆く。こんな感じでオバちゃんらの口からはしょっちゅう飛び出す言葉やと思う。

次の口癖は「**やらしいわぁ**」。っていうても決してエッチな意味ではないほうのやつな。

いや確かに、エッチなものを見たり聞いたりした時にも使うことは使うから、ちょっとややこしいねんけど……。

例文挙げるとしたらこんな感じ？

息子「あ、オカン。俺今日飯いらんわ。部活の帰りに新しくできたラーメン屋に行こうってみんなで言うてるから」

母「もう、いやらしいわぁ！　今日あんたの好きなから揚げにしよう思ってたのに」

なんか気にくわない、なんか嫌な感じ。

そんなニュアンスやろっか？　たとえば、休日に娘と出かけようと約束していたのに、娘が突如友達との約束を優先した。そんな場合にも「いや、やらしっ！　自分だけ出かけてから」という感じで使うことあるやんね？

どない、琴子？　ここに書いた口癖、全部当てはまってたら、あんたももう立派な大阪のオバちゃんやで！

▼琴子のリターン

ちゃうねん、は言うわ。めっちゃ言うてると思う。

うちの娘かってしょっちゅう言うてるで「ちゃうねん、ちゃうねん」って。

うちの場合は主に勉強せえへん時の言い訳な。

「やらしいわ」は、母親がよう使ってたイメージかな。私はあんまり言うてないかも？

そんなことより、「アホ」言うたら東京の人らは傷つきはんの？

えらいナイーブやなぁ。あ、でも私らかって「バカじゃん？」とかもし言われたら「なんやねん、その言い方」ってムカっとするかもな。それとおんなじかな。

大阪弁のアホは「可愛いなぁ」「おもろいなぁ」の意味で使う時も多いんやけどね。

大阪人にしたら、もしこの世から消えたらすっごい困ってしまう言葉やと思う。

「ちゃうねん」も困るけど。だって言い訳どうやって始めたらいいかわからへんようになるやん。

第2章

大阪のオバちゃんの好きなもん

13 食べ物には愛をこめて

食い道楽と言われているだけあって、美味しいものだらけの大阪。だいぶ東京の暮らしに馴れてきた私でも、常に大阪の食べ物が恋しくてたまらん！　たこ焼きとかお好み焼きの粉ものの美味しさは、言わずもがなで。

それ以外、どんなジャンルであろうがやっぱり大阪の食は素晴らしいんよ。コストパフォーマンス、お店の人の愛想のよさ、味。どれをとっても大阪の食のレベルは日本一や！　どや、熱いやろ、私。

当然ながら大阪のオバちゃんらも毎日の食に関しては並々ならぬ情熱を燃やしてる。一食、一食を大切にしてできるだけ美味しいもんを食べたい。**合言葉は「高うてうまいは当たり前。安うてうまいが大阪」**。

そんな食に命をかける大阪のオバちゃんたち。食べ物に対して愛が溢れすぎているせいか、なぜか食べる物に「お」「さん」「ちゃん」つけて呼ぶ傾向にあるやんね。

たとえば……。

お豆さん——大豆を昆布やにんじん、こんにゃくなどと一緒に炊いた常備菜。または白豆や花豆をお砂糖多めで甘く煮たもの。これらのおかずは「お豆さん」と呼ばれる。

お昆布——おこぶ、と読む。こぶ、と呼び捨てにすることもあり。

おいなりさん——いなり寿司のこと。大阪のオバちゃんは〈いなり〉と呼び捨てにすることは少ないかも。

お揚げさん——油揚げのこと。うす揚げも厚揚げもみんなまとめてお揚げさん。

飴ちゃん——もはや大阪のオバちゃんとは切っても切れない仲。

おうどん——うどんのことを、オバちゃんたちはこう呼ぶ。

お粥さん——おかいさん、と読む。子供の頃に病気になったら「今日はおかいさんにしとき」と母親から言われた。

お鯛さん——魚の鯛のこと。

おまぜ——ちらし寿司のことを、おまぜと言う人も。けれどこれが混ぜご飯となると、なぜか炊き込みご飯のことになる。

おいもさん——おでんに入っているじゃがいもを子供に渡す場合は「ほら、おいもさん食べ。よう味しゅんでる（しみてる）から」。

こんなふうに「お」「さん」「ちゃん」をつけるのは、なにもお上品ぶってるわけやないと思う。丁寧語を意識しているわけでもない。そやなぁ……**食べ物に感謝と親しみをこめている感じ**といえばいいやろか？

食べ物じゃなくても、他にも「お」をつけるもんあるやんな。たとえば……。

お日さん――太陽のこと。日曜日いつまでも寝ている子供にはオバちゃんの怒り爆発。「あんたっ！　いつまで寝てんのっ！　もうお日さん、高うなってるやんかっ！」

おざぶ――座布団のこと。

「お客さん帰りはったから、おざぶなおしといて（片付けて）」

えべっさん・神さん、仏さん――神様、仏様のこともオバちゃんたちは親しみをこめて「神さん」「仏さん」と呼ぶ。

「**商売繁盛で笹持ってこーい**」の掛け声でお馴染みのえべっさんは、毎年一月九日から十一日に行なわれる関西のお祭り。七福神のひとり、商売繁盛の神様である恵比寿様がまつられている神社で行なわれる。

ニュースなんかで放送される、境内を走って一位を争う「福男」も、このえべっさんの時期に行なわれる伝統行事。福男の他には、毎年選出される福娘も有名やよね。関西では福娘に選ばれたお嬢さんにはいい縁談がぎょうさん舞い込むと言われてるし。

お雛さん――ひな祭りのことを、大阪のオバちゃんらはこう言う。

「今日はお雛さんやから、ハマグリのおつゆやで」

おいど――大阪でももうほとんどの人が使うことなくなった言葉かもしれへんなぁ。おいどは、お尻のことやね。語源は「御居処」で、いどころ、座るところという意味らしい。

あ、大阪の商売人のおっちゃんの中には、今でも根強くこの挨拶する人おるよな。

「毎度！」「おいど！」ってやつ。

訳すと「毎度！」「お尻！」……って、これまったくもって意味不明やん。

つまり大阪人独特のいちびりいうかチョケいうか、**言葉遊び**なんやろな。

とまあこんな感じかな？

食べ物に愛を込める大阪のオバちゃん独特の言い回し、私はめっちゃ好きやわぁ。

▼琴子のリターン

昨日実家に行ったら、「お豆さん炊いたん、食べる？」とうちの母親が言うてた！

炊きもののこと、「**炊いたん**」っていうんも関西独特ちゃう？

小松菜と油揚げの炊いたん、とか。小芋の炊いたんとか。

あ、なんでか知らんけど小芋は小芋で、**小芋さんとは言わへんな。不思議。**

さん付けするんまだあるで、食べ物ちゃうけど。「**べっぴんさん**」。

これはほんま大阪の街ではあちこちでよう聞くワードやと思います。

大阪にずっと住んでるせいか、この街の食の素晴らしさに対してありがたみも特に感じたことないけど。離れてみてわかることってあるんやね。

あと、おいどって（笑）。

ほんま今言うてる人滅多におらんけど、小さい時におばあちゃんとかには言われた記憶はあるわ。

「おいど、冷やしたらあかんで。あったかくしときや」って。

14 黙って食事はできません

食べ物繋がりでもうひとつ。

どうも大阪のオバちゃんって、食べたものにすぐに感想を言うクセがあるらしい。

大阪にいた頃はそんなことに気づきもせんかったけど、こないだ東京の人にそう指摘されて、

「確かに……」と腑に落ちるものが。


ある日の日曜日に、十人ぐらいで舞台を観劇した帰りに、餃子の王将に行っててんよ。

あ、こっちでは王将に行く時は、行列覚悟やで。びっくりするやろ。大阪では全駅前に一店舗はあるかも？　っていうぐらいにあちらこちらで見かける王将。こっちではまだそこまで店舗ないし、なにより**安くて美味しい大阪魂**がぶちこまれた店やから、東京人も大喜び。というわけでいっつも行列やねん。

大阪にいた時は、王将はたまーに餃子をテイクアウトするぐらいでめったに店内で食べることも

なかったけど。東京にいると、無性に食べたくなる時がある。なんでかな？大阪人のソウルフードとして知らんまに脳内に刷り込まれてるんかもしれへん。

あ、いつのまにか東京の王将事情について語ってた。話をもとに戻すわ。

その日のメンバーのうち四人は、偶然にも同世代の関西人女性。そんなわけで、テーブルにはなんとなくその関西メンバー四人でつくことに。料理が出てくるまで「関西あるある話」とかで盛り上がってたてん。

餃子はもちろん、から揚げにえびの天ぷら、チャーハンなどなど。食べたいものを片っ端から頼んでモリモリ食べ、喋りたおし、大笑いして、王将を後にしてんやんか。

ほんで、その帰り道に関東圏出身男子がポソっとひとこと呟いたわ。「**関西の人って、食べ物にいちいち感想いいたがりますよね。しかもわりと全力で**」。

その男子に言われるまでは、自分たちのそんな言動には気づきもせえへんかってんけど。

でもな。思い返せばたしかにまずから揚げが出てきた時の「から揚げ、アツアツのうちに食べてや、お皿まわすから」から始まり、「あ、これ胸肉やな。せやけどパサパサならんと上手に揚げてはるわ。お肉やらかいわ」「餃子、相変わらず美味しいなぁ」「そうそう、王将の餃子って皮パリパリで中から肉汁ジュワーーやろ。絶妙やねん」。

喋ってたな……たしかにしっかり喋ってたことを段々と思い出したわ。食べ物の感想を言いあうんは、大阪ではあまりに普通のことすぎて。指摘されるまで、そういうことを喋ってることさえ気がつかんかった。

言われてみればたしかに関東圏の人が多い隣のテーブルは、私らの席ほどうるさくなかったように思う。ほんでその会話の中身はさっき観た舞台の内容に終始していたようにも思う。せやのに、私らのテーブルで盛り上がってたんは、主に料理の感想トーク……。

琴子。ちょっと今度外食行った時にでも、周囲のオバちゃんらの会話に聞き耳たててきて。出てくる料理を一口食べた瞬間、われ先にと感想を言いあっているかどうか。

いや、言うてるはずやな。間違いない。大阪ではおっちゃんらもすぐに食べたもんの感想言うてると思うわ、しかも熱いトーンで。

けどな、琴子。これってけっこういいことやと思わへん？

美味しいものを食べた時には「美味しい」と素直に口に出す。調理法や食材で気になることがあれば、これまた素直に口に出す。

そんな大阪のオバちゃんの、ううん、大阪人の習慣、悪いもんやないと思うねん。そら、ちょっとうるさいかもしれんけど。

でも私は好きやわ。だって**食卓も盛りあがるし、食べているものも倍美味しく感じられるような気がせえへん？**

全国の家庭で今日からすぐに試してほしいぐらいやわ。

食卓にのぼったご飯の感想をいつもより全力で語ってみたら、きっとご飯の時間がぐーんと楽しくなると思うねん。

この大阪のオバちゃん的食べ物の楽しみ方も、ぜひ全国にガンガン広まってほしい。

黙って辛気臭い顔してご飯食べるより、絶対ええで〜。

▼琴子のリターン

食べ物の感想トーク……。

大阪ではごく当たり前のことが、それ以外の場所ではネタになるようなことやと思われるんやなあ。

祥子も今度こっち帰ってきたらすごい新鮮ちゃう？

東京と比較して、大阪のことをまた違う目線で見つめることができるかもしれへんよね。

大阪人は、ほら、みんな心の中ではこっそり「大阪こそが都」「日本の中心は大阪」って思ってるやろし。「**プリンセス　トヨトミ**」で書かれていた「**大阪国**」がもしほんまにあるならば、たぶんみんな命かけても守るやろうと思うわ。

男だけやない、オバちゃんらかっていつでも闘うで。

なんせ**大阪愛が濃すぎて、なんでも大阪基準で考える**から、自分らのやってることが他の県から見たら「変わってる」と思われるなんて、考えてもみたことないんちゃうかな？

15 たこ焼き・いか焼き・お好み焼きの真実

あぁ、私の心はもうすでに大阪に飛んでるで。もっとピンポイントで言うと、大阪のお好み焼き屋とたこ焼き屋に心はすでにある。

だってな、**東京で食べるお好み焼きとたこ焼きには味がないねん。生地に味が。**

ただソースとマヨネーズの味だけで食べているような感じ？

大阪のお好み焼とたこ焼きは、生地自体にしっかりと出汁の味がしてるやん。もちろん大阪でもソースとマヨネーズをかけて食べるんやけども。でもソースがかかってない端っこの部分を食べてみても、ちゃんと味がついてて美味しいもん。

だから、大阪では塩だけで味付けする塩味のたこ焼きも多いやん。私はソースと塩のハーフハーフで食べるんが、お気に入りやで。

あー今すぐにでも大阪のたこ焼きが食べたいわ。


「大阪では一家に一台、たこ焼き器があるんでしょう？」

これもまた東京でよく訊かれる質問やで。

たしかに、あるかなぁ。一家に一台、たこ焼き器。琴子の家にもある？

それで思い出したけど、子供の頃はうちの家にもあってん、たこ焼き器。今思えばあれ、特注やったんかな……それともあの当時は普通に販売されてたんかな……。

うちの家のダイニングテーブルは、たこ焼き用の鉄板が中央にあらかじめセットされてるタイプやってん。たこ焼きの鉄板の他には、お好み焼きができる大きい鉄板もあって、それを用途に応じて入れ替えできるねん。

週に一回はその鉄板で、お好み焼きと焼きそばを焼いて食べてたことはよう覚えてる。でもな、たこ焼き鉄板のほうは、数回しか使った記憶がなくって。

なんでかというと、ほら、うちって四人兄妹やん？

たこ焼き器って一回に焼ける数は、せいぜい多くても三十個程度やろ？　食べ盛りの子供が四人

今シーズンのバースは調子ええなぁ
なぁなぁまだ焼けへんの〜？
もうっ！やいやい言いなっ！

いる家庭で、一度に焼ける量が三十個。そら壮絶な争いになるんよ。

母親が額に汗して焼いたたこ焼きは、殴り合いに発展しかねへん取り合いの末に一瞬にして子供らの胃袋の中に。空になった鉄板にまたすぐに生地を流しいれるものの……たこ焼きって実は焼けるのに案外時間がかかるもんやん？

待っている間の子供は「なあ、まだ？　たこ焼きまだ焼けへんの？」「お腹すいたー。もう待たれへん」と文句ブーブーやがな。焼いても焼いてもたこ焼きは瞬時になくなる。せやのに母親はひとつも食べずにただ焼き続けなあかんという「これいったいなんの苦行やねん」ってぼやきたくなるような時間……。

たぶんうちの母親、数回のたこ焼きパーティで音を上げたで。

「うちでたこ焼き焼くんはやめる！　これからたこ焼きは、外で買うもんにする！」って宣言した。**大阪のオカンの命令は絶対的なもん**やから、その日以来二度とうちではたこ焼きパーティが開催されることはなくなった。かくしてたこ焼き用鉄板は、それからずっと押入れの隅でホコリをかぶったままとなってしまったような……。


ちなみに、こっちで**いか焼き**って、売ってるところを未だに見たことないわ。東京の人にいか焼きって言うたら、きっといかの姿焼きのことやと思いはると思う。

大阪でいか焼きといえば、出汁を効かせた小麦粉ベースの生地にいかの切り身を混ぜて、専用機械でジューっとプレス。そこにソースをかけて食べる食べ物やんな。みんな知ってるわ。

大阪人にとっては小腹がすいた時に食べるおやつ、それがいか焼き。

昔は地元の商店街なんかで、たこ焼きと、それから**冷やし飴**と一緒に売ってるのをよう見かけたわぁ。そう言えば最近はめっきりそんなお店も少なくなったかもしれんね。買い食いの定番やったのになぁ。今は大阪人でもいか焼きと言えば、**阪神百貨店の地下**に買いに行くもん、って感じなんかな。

大阪のオバちゃんが大好きな三大粉もの、たこ焼き、いか焼き、お好み焼き。

帰省してお腹いっぱい食べられる日を楽しみにして、あとちょっとだけ東京で仕事頑張ります。

▼琴子のリターン

そう言えば、**いか焼きってこっちでももうあんまり売ってるところ見ぃひんわ**。

アツアツのいか焼きにちょっと甘めのソースかけて食べるのん、美味しいやんなあ。

生地がモチモチで、ボリュームもあるし。

阪神の地下のいか焼きは有名やんね。すごい行列やから一瞬買うの躊躇するねんけど、店の人が焼くのもレジも超早業で、想像より早く順番が来るという素晴らしさ。

大阪のオバちゃんってせっかちやから、長い間は待たれへんやん？
店側がそこをようわかってるのん、えらいわ（上から目線やな）。
私はいつも卵入りのデラバンを買うで。普通のいか焼きよりちょっと値段張るけど、卵入ってたほうがやっぱり美味しいもん。

そやけど当たり前のように大阪では食べてる、お好み焼きやたこ焼き。地域によってそんなに味が違うやなんて、なんか衝撃的やわぁ。あ、今日の晩ご飯、お好み焼きにしようっと。

そうそう、**鉄板つきのダイニングテーブル**。実家にもあった。小学校から大学ぐらいまで使ってたで。

さっそく今日大阪の友達数人に訊いてみたら、家にはなかったとしてもみんなその存在を知っててんけど、埼玉から来たママ友は知らんかった。

っていうことは、あのダイニングテーブルってもしや大阪専用商品⁉

16　天ぷら大好き、大阪のオバちゃん

帰ってきた！　愛する大阪、ただいま！

新幹線から乗り換えした御堂筋線で、さっそく「あぁ大阪やわぁ」って実感して嬉しくなった。

だってあっちでもこっちでも乗客が喋ってて電車の中がわいわい賑やか！

やっぱり東京の電車の中とは違うわ。みんな、なんか楽しそうに見えるからいい！

琴子ともすぐに会うワケやけど。思ったことや感じたことを忘れたらあかんから、記録がわりにやっぱり手紙で残すことにするわ。


さっそくスーパー&デパ地下めぐりをして、気づいたことあり。それは、大阪って天ぷらの種類が多いっていうこと。

琴子、今天ぷらって聞いてどっちの天ぷら思い出した？　だってほら、**大阪では天ぷらといえば二種類あるやんか。**

魚介類や野菜に衣をつけて油で揚げる、いわゆる普通の天ぷら。それだけやなく、大阪ではさつまあげタイプも、天ぷらと呼ぶから不思議やね。どっちの天ぷらかを区別するために、**さつまあげタイプを「つぶし天ぷら」**って呼んだりもするし。

さて、このつぶし天ぷら。東京でもあるにはある。でもパっと見た感じ、茶色のものしか売ってへんねん。対して大阪のつぶし天ぷらの売り場の華やかなこと！　種類も彩りも実に様々で、スーパーでもそこそこの面積を占有してるやんか？

大阪人が好むんは茶色い色をした天ぷらよりも、白い色、いわゆる「**しろ天**」ちゃうかな。しろ天には、コリコリとした食感のきくらげが入ったきくらげ天や、紅ショウガの入ったショウガ天、最近はお好み焼き天っていうんもあるかな。

しろ天に限らず、**つぶし天ぷらは朝食の一品やお酒のつまみ、お弁当のおかずとして、大阪のオバちゃんから重宝される存在**。

私が絶対にはずされへんのは、**小桜**かなー。桜の形をした淡いピンク色の天ぷらの中にうずらの卵が入った、大阪ではどこのスーパーでも必ずある定番品。これがなぜか東京にはないねん！　しろ天もない！　あるんは茶色系の天ぷらばっかり！

上京してしばらくたった頃、しろ天と小桜が猛烈に食べたくてあちらこちらのスーパーを探し回ったんやけど、見つけることができひんかってん。無念やった。

衣をつけて食材を揚げるほうの天ぷらで、大阪独特なんといえば、やっぱり紅ショウガの天ぷらやと思う。毒々しいほどに真っ赤な紅ショウガを六、七センチほどの大きさになるまで平たく伸ばしてから、天ぷら衣をつけてカラリと揚げる。衣のむこうに赤い色がチラチラと見え隠れしてて、スーパーの天ぷら売り場の中でもひときわ目立つ！「私はここやで」と激しく自己主張する、それが紅ショウガの天ぷらやな。

今日スーパー行って、久々にご対面した紅ショウガの天ぷらの姿に見惚れてたらな、横からオバちゃんが来て、物凄いスピードで残ってた四枚全部かっさらって行った。一枚たりとも私に渡すまいと、ちょっとニラミ効かせながら。さすがは大阪のオバちゃん、せかせかしてるわ。で、それ見て思った。「きっとおうどんの上に乗せて食べはるんやろな」って。

その昔は、あげたてにソースをかけておやつ代わりに食べられていたともいわれる、紅ショウガの天ぷら。けど、今の時代大阪でもっとも親しまれている食べ方といえば、やっぱりおうどんのトッピングとしてちゃうかな。冷やしうどんでもあったかいおうどんでも、これがあるだけで豪華に見えるもん。

紅ショウガの天ぷらと、つぶし天ぷら。

どちらも家庭で作るものではなく、スーパーやお店で買って食べるもの。

どこのスーパーでも気軽に買える、大阪のオバちゃんのソウルフードやと思うわ。

▼琴子のリターン

お帰り、祥子。やっと帰ってきたな。

帰ってきたと思ったら、いきなり紅ショウガ天とか、小桜とか食べ物の話満載やん。

さすがは**食道楽の大阪のオバちゃん**やな。

そういえば、東京に行ったばっかりの頃、**ぼんち揚**も探し回ってたなぁ、あちらこちらのスーパーで。大阪では超有名なお菓子やのに東京では見かけへんやなんて、不思議な感じがしたもんやわ。

「東京ではたぶんこれがぼんち揚の代わりやと思う」って送ってくれた歌舞伎揚？　あれはあれで美味しいけれど、ちょっとぼんち揚より味が甘くて濃厚な気がしたわ。

ぼんち揚のほうが食感がサクサクで軽い。

今回もしっかり買って帰りや。あと、あんたの大好きな**おにぎりせんべい**もな！

17　大阪のスーパーにて

スーパーにて。さっそく大阪のオバちゃんから洗礼を受けました。
つぶし天ぷらの棚の前でその豊富なラインナップに見惚れている私にむかって、なんの前触れもなく突如話しかけてきた一人のオバちゃん。
オバちゃん「お姉ちゃん、今日何作りはんの？」
私「え？（心の声・誰？　誰なん、この人）」
オバちゃん「毎日、毎日、ご飯考えるん大変やんなぁ。あー今日何にしよ？」
私「ねー（心の声・いや、オバちゃんちのご飯の悩みを突如話かけられても困るねん）」
オバちゃん「ほんで、おたく何にしはんの？　今日は。やっぱりおでん？」
私「まぁ…そんな感じにしよかなって」

負けてもうた。大阪のオバちゃんの人懐っこさについ根負けして話に加わってもうたがな。しかも晩ご飯はおでんやないけど、おでんってことにしてしもた。

献立聞いた瞬間、オバちゃんは納得した様子で移動しはったわ。きっとおでんの気分やなかったんやろなぁ。肉売り場に別のターゲットを物色しにいったんかもしれん。

そういえば他県から嫁いできた私の知り合いは「**スーパーで知らない人に、さも仲良しみたいに話しかけられた！**」って大阪に来た当初、よう驚いてやったなぁ。ってことは、これもきっと大阪のオバちゃん独特の習性なのかもしれへんね。

しかしなんで大阪のオバちゃんって、気軽に誰にでも話しかけるんやろなぁ。

魚や肉のケース前でその日の特売品の話でめっちゃ盛り上がって話ししてるから、てっきり友達同士やとばっかり思ってたら、最後に「いやーもう初対面やのにすみません」って言うてお互い違う方向に去っていくとか。そんなんよう見たことあるもん。あれ見たら「友達ちゃうんかい！」って、吉本新喜劇ばりにずっこけそうになるわ。

スーパーで買い物してるお客さんは、みんな自分と同じで「今日、何作ったらええんやろ」と悩んでいるに違いないという思いこみがあるんやろうか。だからつい話しかける。

ほんでスーパーで話しかけてくるんは、なんもお客さんだけやないし。レジのオバちゃんかって普通に話しかけてくることあるやんなぁ。

うちの妹はこないだ限定十パックのお肉をカゴに入れてレジに行ったら、レジのオバちゃんに

「いや、これ買いはるん？　うらやましいわぁ。私も欲しいねんけど、ほら今レジ打ってるから買われへんねん。ええわぁ、ええ買いもんやわぁ」と羨望の眼差しで見つめられたらしい。妹、レジのオバちゃんの分も買ってあげなあかんのかなって一瞬迷ったらしいわ。

話しかけるといえば、オバちゃんらって、小さい子供連れのお母さんを見たらすぐ突撃するやろ。わかるで。小ちゃい子供は、そこにおるだけでその場をほっこりとやわらかい雰囲気にしてくれるものやし。誰かってついあやしたり、話しかけたりしたくなるもんやわ。

けれど、ちょっとあやす、ちょっと話しかける程度ではすまへんのが大阪のオバちゃんやな。「今いくつなん？」から、声かけスタート。

もしも話しかけた子供が人見知りなくオバちゃんのおしゃべりに積極的に答えようもんなら、もう大喜びや！

まず間違いなく出るやろ、大阪のオバちゃんが子供褒める時のあの言葉が。

「いやぁーこの子、きさんじな子やなぁ」

きさんじ……辞書によるとその意味は「気晴らし、気楽、呑気」やけど、大阪のオバちゃんの使うこの言葉はもう少し違うニュアンスちゃうかな。「明るく活発で物おじしない子供」って感じちゃう？

せやから大阪のオバちゃんが子供に対して「きさんじな子や」って言うた時は、間違いなく褒められたととっていいと思う。

そうは言うても今やかなり年配のオバちゃんぐらいしか使わへんようになった気がするこの言葉。響きも可愛いし、消滅させることなく受け継いでいきたい言葉やない？

琴子も今日からガンガン使って広めていってや。

▼琴子のリターン

きさんじって昔の人がよう言うてた言葉やな。私ら世代ぐらいまでちゃう？

かろうじてその言葉を知ってるんは……。

あ、でもその名前がついたお菓子なら知ってるで。北堀江にある「ル・ピノー」ってケーキ屋さん知ってるやろ？　玉造や阪神百貨店にも入ってる、あの「ル・ピノー」。

あそこにたしか「きさんじ」って名前のクッキーの詰め合わせあったよ。

きさんじの説明も書いてたような……。

他にも大阪弁を商品名にしたお菓子あったと思う。

祥子も東京戻る時、大阪土産に「きさんじ」買って行ったらえええねん。喜ばれるかもよ。

18 月亭八光はオバちゃんのアイドル

琴子、やっぱり生の大阪のオバちゃんはおもろいわ。まぁいろんな面で馴れ馴れしいこと。いや、でも馴れ馴れしいって、ちょっと言葉が悪い気がする。ここでは、そうやな……フレンドリーと表現しとこか。

大阪のオバちゃんの**そのフレンドリーさがいかんなく発揮されるのは、街中でロケしてる芸能人を見た時**やと思うわ。

大阪のロケといえば、出演者はたいていが芸人さん。それがオバちゃんたちがいっつも見てる大阪ローカルのテレビ番組に出演してる人やったりしたら、もう大変。カメラの存在なんておかまいなしに、持ち前のフレンドリー精神を最大限に発揮するもんね。

最初の声かけは、だいたいこんな感じちゃう？

「**いやーちょっとあんた。元気にしてたん？**」

友達か！　もしくは親戚かっ！　てつっこみたくなるけど、大阪のオバちゃんにとったらその芸人さんは「**よう知ってる近所の子**」感覚やねんな。だからつい馴れ馴れしく声をかけてまう。しかも声かけだけではすまへんし。**絶対触るもんね、体に**。力士と間違ってるんちゃうかっていうぐらいに、ペチペチと。

今、ロケ中にもっとも親しげに声をかけられる芸人さんといえば、**月亭八光**とちゃう？　大阪のオバちゃん、大好きやろ？　八光のこと。もはやアイドルやな。

何と言ってもお父さんは**月亭八方**師匠やし。

かつて大阪のオバちゃんらがまだ可憐な乙女やった頃に熱狂した、大阪ローカルのバラエティ番組「**ヤングおー！　おー！**」。そのイケメン枠で活躍した落語家さんで、自称「西の野口五郎」。東京の人にはあんまりなじみないかもやけど、大阪では老いも若きも親しみを込めて「八方ちゃん」と呼ぶ浪花のスターやんね。

その八方ちゃんの息子が、八光。ということは、オバちゃんたちにとって**八光は、もう自分の息子も同然っちゅう感覚やねんな、きっと**。

八光がロケで大阪のオバちゃんと出会ったらもう大変。あちらこちらから「八光ちゃん、元気にしてんの？」「八方ちゃんはお元気？」と一斉に声がかかる。オバちゃんらは遠巻きに見つめるなんてことはまずせえへんわな。さも当たり前のようにグイグイ行くもん。

実際、そんなシーンを帰って来てもうさっそく大阪ローカルの番組の中で見たわ。


同じようにオバちゃんらから子供も同然と思われているタレントといえば……**西川きよし**師匠の子供である**西川忠志**と**かの子**兄妹やろね。なんといっても関西のロイヤルファミリーとも言われてる、西川家の一員やもん。

そやけど、大阪のオバちゃんって、なんであんなに**西川ファミリー**が大好きなんやろ？　テレビでは西川家の味、って奥さんの**ヘレン**さんが手料理を披露したり。西川家行きつけのお店が紹介されたり。とにかくオバちゃんらは常にその動向を気にしている。

ちょっと前に全国ネットで放送されてた大家族の物語より「西川ファミリーは普段いったい何を食べているのか」のほうが大阪のオバちゃんにとってはよっぽど重要なんちゃう？

かの子ちゃんもロケに出ると、オバちゃんらに声かけられるもんね、超フレンドリーに。

「かの子ちゃん、べっぴんさんやねぇ」「お子さん、だいぶ大きなったやろ」「きよっさん（きよし師匠のこと）によろしゅうね」

これまた「親戚か！」ってつっこまずにはおられへん態度やな。

関西芸人の人らって、大阪のオバちゃんのこんなフレンドリーさにはもう慣れっこやから、誰も動じひんけれども。

「オバちゃん、ありがとうな」「どうも」ってみんな愛想よう返事してるよなぁ。素晴らしいわ。

▼琴子のリターン

八光はたしかにオバちゃんらのアイドル！　お父さんの八方ちゃんは男前やけど、八光はなんともいえん愛嬌ある顔してるもんなぁ。八方ちゃんより近寄りやすい、っていうか。

ほんま、大阪におって八光の顔をテレビで見いひん日はないわ。

西川ファミリーといえば、長男の西川忠志！　あの人、今じわじわきてるで、関西で。しかも本業の俳優としてより、バラエティ番組によう出てる。

天然のおもしろさで、芸人からいじられっぱなしやねん。かなりおもろいわ。祥子も帰省中に彼のおもろさが発揮された番組見れたらええのになあ。

西川ファミリーの次男の**西川弘志**がかつては一世を風靡したアイドル俳優やったこと、関西地方でも今の若い人はきっと知らんねやろね。

あ、懐かしい話、してもうた（笑）。

19 浪花の真夏のスター、菊水丸さま

妹に聞いた話によると、今年の夏の大阪は、ちょっとした盆踊りブームやったとか。大阪の新しい玄関として注目を浴びている「**グランフロント大阪**」。地上三百メートル・日本一高いビルとして大阪の新名所となった「**あべのハルカス**」。この大阪の二大スポットで、**夏に盆踊りが開催されたらしいやん**。たしかに地元の買い物客と駅の利用者、それに観光客もみんな一緒になってグルグルと円を描きながら踊るんは、想像しただけで楽しそうやな。

もちろん、大阪の盆踊りは、おしゃれスポットだけのもんやないし。規模の大小はあれどお祭りと盆踊りは夏には欠かされへんね。

毎年夏になると、あちらこちらで櫓が組まれ、提灯が飾られて、お祭りの準備が始まるやんか。あれって見てるだけでなんかこう、ワクワクするよな。

大阪の盆踊り会場のスターといえば、それはもう間違いなく**伝統河内音頭継承者の河内家菊水丸**やろ！

平成十九年にはなんと前人未到の九千櫓を達成したらしいやんか！

まさに大阪の夏の歩く風物詩やな。

同じ踊るならCDじゃなくって、やっぱり一度は菊水丸が櫓の上で歌う河内音頭で踊ってみたい。そう願う大阪のオバちゃんは多いと思う。お祭りのポスターに「菊水丸さんが来る！」とか書かれてたら、もうオバちゃんらソワソワソワやん。

「いや、菊水丸が来るねんて」

「ちょっと見にいこか」

と馴れ馴れしく名前呼び捨てでひと盛り上がり。イソイソと会場へと急ぐねん。

盆踊りの華、菊水丸が櫓の上に登場しようものならオバちゃんたちは大興奮や。待ってましたとばかりに櫓の下から惜しみなく大きな拍手を送って歓迎するねんなぁ。

けど盆踊りってあちらこちらで日程が重なっている場合が多いやん？

せやから引っ張りだこの菊水丸は一、二曲歌うとたいていはその会場を後にして次の会場へ向かいはる。

でもそこは熱しやすいラテン気質の大阪のオバちゃんのこと。**一曲でも生で菊水丸が歌う河内音**

河内音頭

頭が聞けたなら、あとは延々とご機嫌さんで踊り続けることができるねん。

大阪の盆踊りといえば、もう絶対的に河内音頭やと思っててんけど、妹から衝撃のニュースを聞かされたわ。今年の夏、盆踊り会場からＡＫＢの「恋するフォーチュンクッキー」が聴こえてきてんて！

なんてことなん！　大阪の街も変わったんやな。新しいこと取り入れるんももちろんええねんけど、やっぱりいつまでも菊水丸が歌う河内音頭で熱狂してほしいと思うねん。それが一番大阪らしいわ。

余談やけど、名古屋ではもう何年も前から荻野目洋子の「ダンシング・ヒーロー」で盆踊りを踊ることが定番になってるらしい。

盆踊りの曲も地方ごとで違うもんなんやなぁ。都道府県別の盆踊りの曲のラインナップ、集めてみたらおもろいやろな。

それやったらダンシングつながりで、大阪では、関西出身の歌手・**もんたよしのりの大ヒットナンバー「ダンシング・オールナイト」で踊るとかどう？**　意外と踊りやすそうな気もすんねんけど……。

「ダンシング・オールナイト　言葉にすれば」

もんたのあのハスキーボイスで真夏に踊り狂う大阪のオバちゃんの姿。想像したらちょっと笑けるな。なぁ琴子、見てみたいやろ？

▼琴子のリターン

「ダンシング・オールナイト」かぁ。うんうん、メロウっていうの？　あのサウンド。たしかに盆踊り踊れそうな気がする。「ダンシング・ヒーロー」よりオバちゃんらのテンポに合いそうな気がする。ええかも。ちょっと祥子、お祭り会場に投書してみてー。

たしかに大阪はこの何年かで新しいビルがぎょうさん建ったりで、劇的に変わってるわ。でも変わるばっかりやなくって、古いもんや伝統も大事にしていかなあかんなぁとは思う。けど河内音頭と菊水丸が大阪の夏のスターであることは、きっとこれから先も変わらんとは思うで、安心して。たとえＡＫＢで踊ったとしても、やっぱり最後は河内音頭でしめる。これが大阪の夏やん。

20 大阪のオバちゃんの好きな歌

こないだ書いた盆踊りの歌つながりで、大阪の歌の話をしようかな。

やしきたかじんが歌う「**やっぱ好きやねん**」が、環状線の大阪駅で電車の発着音になったんやろ？　私、まだそれ聴いたことないわぁ。帰省中に確認しとかな。

たしかに大阪人はやしきたかじんが大好きやんな。中でも「やっぱ好きやねん」は女性の気持ちを歌ったもんやからか、大阪のオバちゃんはカラオケでよう歌う。あのサビの部分は歌ってて気持ちいいらしいね。大阪弁やし感情もはいりやすい。私は歌わんねんけど。だって、たかじんってものすごい熱狂的ファンが多いから、うっかり歌って、そこにおったファンからダメ出しされたらイヤやもん。

他に大阪のオバちゃんの好きな大阪の歌って、なにがあるやろって考えててんけど……。

結局長きにわたって一番愛されてる曲って「**大阪ラプソディー**」ちゃうやろか？　歌うは**海原千里・万里**。言うまでもないけど海原千里は、関西のスーパースター**上沼恵美子**のこと。でもこの情報、関西以外ではいったいどれだけの人が知ってるやろね？

あれ、前奏がまたいいんよねー。チャーンチャチャーンチャ、チャチャチャチャチャンチャンチャーンって流れてきたら、自然に手拍子したくなる。メロディも一回聴いたら何とはなしに口ずさめるぐらいにわかりやすい。

この曲、今も昔もスナックで歌うカラオケの定番ちゃうかな。大阪の地名が散りばめられてるから情景も浮かびやすいしね。

大阪ではかなり広い世代に知られてるけど、はたして東京での知られ具合はどうなんやろ？　今度自ら実験台になって歌ってみるわ。

それから「**雨の御堂筋**」。いくつになっても変わらへん抜群のスタイルで驚かせてくれる**欧陽菲菲**のヒット曲。これは大阪の地名は出てくるけど、大阪弁ではない。でもロックと歌謡曲の融合って気がして、盛り上がる一曲やと思うねん。なんといっても作曲があのザ・ベンチャーズやいうんがすごい。たいていの大阪のオバちゃんが歌えるんちゃう？

大阪弁で書かれてる言うたら「**大阪で生まれた女**」と「**悲しい色やね**」も、パっと大阪人の脳裏に浮かぶ曲。切ない曲やしかなり難しいからカラオケでトライするオバちゃんは少ないやろけど、でも好きやっていう人多いと思うわ。

「悲しい色やね」の歌詞の舞台は大阪の南港やって、その昔ラジオのパーソナリティが喋ってるんを聞いて南港あたりをウロウロ歩いたことある。ウォークマンであの曲を聴きながら。夕陽が沈むん見て、意味もなく悲しいなったわ。高校生って恥ずかしいほど多感やな。

桑名正博さんが歌う「**月のあかり**」ってあるやん？　私らが若かりし頃、男の人らはこの曲を歌うためマイクの取り合いしてた。

琴子、若い頃「この曲は下手くそが歌うんは許さん」言うて、下手な男の子が歌ったりしたら勝手にリモコン操作して歌消したりしたよなあ。私ら、酷かった……。

そんな「月のあかり」、実は全国的に知られてるわけやないねんで！　こないだ東京で「若い頃、男の人に歌ってもらいたい曲ってなんだった？」って訊かれたから「そら、月のあかりに決まってるやん」って言うたら、キョトンや。そこにおった全員がものすごいキョトン顔や。

この曲の人気はどうやら関西限定やったみたい。びっくりやろ？　特に歌詞が関西弁なわけでもないのに、関西限定ヒットってことは……やっぱり大阪出身の桑名さんが歌ってはったからなんやろうか。

青春時代に縛られてるんか、私は今でも「月のあかり」を上手に歌う男性にはよろめくで。きっとこれは私ら世代の大阪のオバちゃんの共通事項や、そうに違いないわ。

「月のあかり」が上手い男性は、大阪ではモテます。

▼琴子のリターン

思い出したでー。祥子、中学生の時、桑名正博の大ファンやったな。

私らが学生の頃って、中に雑誌の切り抜きとか挟める透明下敷きが流行ってたやん？

祥子、そこに桑名さんの切り抜き入れてたん覚えてるわぁ。

なんでか知らんけどよりにもよって上半身裸のやつ（笑）。

ほんで、ある日先生に「あなた、学校にこんな破廉恥なもの、持ってきてはいけません！」って叱られてた。

けど「破廉恥な目で見るから破廉恥なんやん」とか、言いかえしてたな。

今思ったらほんま、あんたって口のへらん憎たらしい子供やったで。

私が先生やったら、絶対にしばいてる、しばきまわしてます（笑）。


大阪人が好きな大阪の歌いうたら、やっぱり**ウルフルズ**も入るんちゃう？

ほら、「**大阪ストラット**」とか「**ええねん**」とか。

あ、でも私ら世代より年上の大阪のオバちゃんはあんまりピンとこんのかな？

21　吉本新喜劇は子守代わり

今うちの妹が「参考のために」って録画しといてくれた吉本新喜劇を見てんねん。**マスヤのおにぎりせんべい**食べながら。

私らが子供の頃から当たり前のように食べてるおにぎりせんべい、これも東京で探すとなるとけっこう大変。大阪やったらどこのコンビニでもスーパーでもたいがい置いてるのになぁ。この美味しさが全国区やないやなんて、めっちゃもったいないねんけど。

ちゃうちゃう。吉本新喜劇の話やったな。いやー、久しぶりに見たら驚いたわ。なにがって、出演者が替わってることにやがな。

すち子って誰や⁉　めっちゃおもろいやん！　もう女にしか見えへんやん！　この喋り、これぞ完璧なる大阪のオバちゃんやん！

乳首ドリルとか、**すち子&真也**とか、ちょっとこれ傑作ちゃう？

検索したらすち子って、**元ビッキーズの須地君**やんか。コンビ解散して新喜劇入りしたんまでは知ってたけど、まさかこんなすごいキャラになってるなんて！　ビッキーズの時は、失礼ながらそんなに目立つ感じやなかったのになぁ。人間、いつ花開く時がくるんかわからんもんやわ。勇気が出るわ。感動をありがとう、すち子。

しまった。あまりのすち子の面白さにそっちを熱う語りすぎてもたわ。いったん、おにぎりせんべい食べるんやめて、落ち着くわ。

ええっとそうや、吉本新喜劇な。

東京の人らは「大阪では吉本新喜劇を家族仲良くみんなで笑って見てる」ってイメージが強いみたい。もちろんそんな家族もいてはるやろうけど……。

大阪のオバちゃんにとって、吉本新喜劇は言わば子守代わりみたいなもんやと思わへん？

大阪の子供って、百パーセントといっていいぐらい、みんな吉本新喜劇が大好きやん。せやからオカン、つまり大阪のオバちゃんからすれば**新喜劇放送中は、家事がはかどる絶好のタイミングやねん。**

「これさえ見せといたら、とりあえず一時間はおとなしいテレビの前に座っててくれるやろ。ほんなら私はその間に、あれやって、これもやって……」

そう思ってオバちゃんらは、子供が新喜劇に熱中している間に、ダーッ、ササッ、と用事を済ませる。

私らが子供やった頃の記憶で語らせてもらうと、小学校の四時間目が終わるやいなや、吉本新喜劇見たさに、みんな寄り道もせずに一目散に家路を急いだもんやんか。

家に入るとランドセルを放り出す時間ももどかしくテレビの前へ。吉本新喜劇の放送時間は土曜日のお昼の一時から二時やからな。

チャンネルをあわせて、吉本新喜劇に見入ってたら、目の前にお母さんが作ってくれたお昼ご飯がドーンと置かれる。

琴子の家の土曜の昼ごはんってなんやった？　うちはだいたいが夏はそうめん、冬はきつねうどんって決まってたな。

たまに金曜日の夜がお好み焼きやった場合は、**残り物のお好み焼きが温め直されてでてくる**。レンジやなくってフライパンで温めるから、底がちょっと焦げたりしてるねん。

で、そんなお昼を食べながら、安定の**寛平ちゃんのギャグ**を見てゲラゲラと笑う――。それが昭和の大阪の小学生の土曜の昼下がりやったと思うねん。

私ら子供はただ食べて笑ってたらよかったけど、母親らは大変やったやろな。子供が吉本新喜劇を見ている間に夕飯の準備やら掃除やら用事を済ませてしまわなあかんもん。

だって、新喜劇を見終わった後の子供って、**間違いなく興奮してるもんね。異常なまでのテンションの高さ。**

とにかく今見た新喜劇の話をお母さんに聞いてほしいてしゃあない。ちょっと**いちびり**の子供やったりしたら「**おじゃましまんねやわ**」とか「**かいーの**」とか定番ギャグの物真似をしまくらんと気ぃすまんもん。

「かいーの、かいーの」言いながらお母さんにしつこくまとわりついて「あんた、もうしつこい！」って雷一発落とされるまでやめへんし。

子供がこうなったら家事もはかどらへん。せやから大阪のオバちゃんは吉本新喜劇を子守り代わりにして、その間にチャッチャと家事をすませてしまうんよ。

もしかしたら今の時代は、お昼はうどんではなくパスタになったり。寛平ちゃんやなくて、すっちーのギャグで笑う、っていうそんな小ちゃい変化はあるかもしれんけど。

それでも**子供が吉本新喜劇見てゲラゲラ笑うん**と、その間に**大阪のオバちゃんがチャッチャと家事に勤しむ**いうんは今も変わらん土曜のスタイルとちゃうやろうか？

▼琴子のリターン

うちの娘、中学生やけどやっぱりいまだに吉本新喜劇、好きやわぁ。食事中とかにたまに新喜劇で見たギャグ、放りこんでくるときあるしな。ほんで、たしかにちょっとウケたらしつこいわ。うちの子も昔から**チョケ**やから。あ、こないだ言うてたね。このチョケっていうのも、大阪弁なんやって。**いちびり**もなん？

子供に対して、おチョケとかアホとか、大阪ではよう使うのに。それって言い方しだいやけど、なんも子供を否定してるんやないからね。

「アホか」「ほんまチョケやな」って言うときは、「可愛い」の意味が込められてる場合が多い。

あ、たこ焼きはもう食べた？　東京のたこ焼きはなんせ高いって文句たらたらやったもんな。まぁ大阪人はたこ焼きにそんな高い値段は払わんわ。うちの近所の商店街で八個二百円の店、まだあるで。まぁたまーにタコ入ってへんことあるけど。

大阪人はおおらかやからあんまり気にせえへん。店のオバちゃん愛想いいし一生懸命焼いてはるから、それでええねん。

22　大阪のオバちゃんもひれふす上沼恵美子という存在

こないだ大阪のオバちゃんが好きな大阪の歌として「大阪ラプソディー」があるって書いたから、今日は恐れ多くも関西の女帝・上沼恵美子さんについて書こうかなぁ。

大阪のオバちゃんって**「私って、まぁまぁ喋りが達者なほうちゃう？」**と、**ひそかな自負**を持ってる人が多いと思う。だからこそ、ロケ隊のテレビカメラの前でも物おじせえへん。いや、むしろ積極的に前に寄って行く。

つまりは、出たがりなわけや。

オバちゃんだけやなく、大阪の人間全般に出たがりが多いんは、これはもう宿命としかいいようがない。

だって産まれたその瞬間から、周囲にペラペラペラペラと口を閉じることなく喋りつづける人間がぎょうさんいてる。商店街に買い物に行けば近所の人やお店の人から「えらいおめかしやな」「大きなったなぁ、いくつ?」と矢継ぎ早に話しかけられ、小学校に入れば「おもしろければ男女問わず人気者になれる」というセオリーを刷り込まれる。

そして中学、高校になると、たとえブサイクでも「おもろいやん」という理由だけでモテてしまうという、大阪ならではのモテヒエラルキーを目の当たりにする(特に男子)。

「芸人なったらモテモテなるんちゃうん?」と考えた多くの男子は、一度は芸人になって女の子からチヤホヤされる夢を見る……。

これ、大阪男子の誰もが通る道。

こんなふうに笑って喋って過ごす毎日が当たり前やから、男子のみならず**女子も笑いと喋りの腕が、他県の人よりは磨かれていく。**

成長し大阪のオバちゃんになったとしても、その腕は衰えへん。いや、乙女時代の恥じらいが失われた代わりに度胸がついてるから、青春時代よりも、ためらいなくおもろいほうへ転んでいくんよね。

せやからテレビ番組の公開録音や街角でロケ隊を見かけた時には、大阪のオバちゃんは自分をいじってほしくってウズウズしてる人多いと思う。

自分でなく、隣の人が出演者から「客いじり」をされたなら、嫉妬と羨望の眼差しで、ハンカチ噛む勢いちゃう？
ほんでその人がいじりに対して上手に返しができひんかったりしたら、もっと大変や。「あぁ。私のほうがよっぽどおもろい返しができんのに！」と噛んだハンカチを引きちぎる勢いで悔しがるはずやで。

そんな自分の喋りの腕に密かに自信を持つ大阪のオバちゃんでさえ、「神」とあがめる存在――そう、それこそが上沼恵美子さん。

公開収録番組とか、上沼さん登場の瞬間からもうオバちゃんらは半分笑ってるもんね。「今日はどんなおもろいトーク、聞けるんやろ」って、期待で目が輝いてる。

笑いに飢えたギラギラした目を持つオバちゃんらを前にしても、上沼さんはいつもその実力を最大限に発揮するやん？　あれはすごいわぁ。

「大阪城って、私の所有物なんです」
「私の家って、百五十四階建てやから」
「淡路島は全部うちの土地ですわ」
「大阪城ホールって、うちの実家ですわ」

上沼さんのホラ話は、何回聞いても笑ってしまう。大阪城が上沼恵美子の所有物やっていうんは、もはや全大阪人に知れ渡ってることとちゃうかな。

何回同じこと聞いても笑えるのは、絶妙なタイミングでネタを放りこんでくることと、やっぱり喋り方もあるんかなぁ。聞いてるほうはお約束を聞けた安心感で笑うっていうんもあるやろね。

分析することさえおこがましいわっ、と自分につっこみを入れたくなるぐらい、上沼さんという存在は関西ではすごいもんやと思う。

琴子、どうやろ？　もういっそ大阪府知事に上沼さんが立候補するいうんは？

間違いなく大阪のオバちゃんから大量の票が投じられると思うんよね。

「この人やったら、なんか変わるんちゃうか」「ひょっとしてプリンセス・トヨトミみたいに大阪国ができるんちゃうか」

ついそんな期待をしてしまうわ。

それぐらい**上沼恵美子という人は、大阪のオバちゃんを引きつけてやまない特別な存在**。その吸引力のすごさ、もはやダイソン超えやな。

▼琴子のリターン

上沼恵美子の番組って、東京でもやってんの？　あ、「**おしゃべりクッキング**」は放送されてるって言うてたっけ？　あの番組、つい見てしまうわ。

関西ではキューピー3分クッキングよりも、視聴率よかったりしてな。

そういえば「おしゃべりクッキング」のレシピ本も、二、三冊持ってるで。料理番組とはいえど、上沼恵美子のトークがおもろいから、なんとなく料理も美味しそうに見えるんよね。ほんま、大阪のオバちゃんは、おもろいトークに弱いわ。

上沼さんの府知事かー。じゃあ市長は海原万里こと、上沼さんのお姉ちゃんにしたらどないやろ？　私、上沼さんの「**おねえちゃんの顔いじりトーク**」が大好きやねん。

あれも安定のおもしろさやな。

上沼さんの番組にお姉ちゃんが出てきはっただけで、「あのトークが聞けるな」ってわくわくしてまうもん。

23　チエちゃんとヒラメちゃんのその後

「ウチのカバンにおひさんひとつ」

琴子、この歌覚えてる？

そう「**じゃりン子チエ**」のテレビアニメの主題歌やんな。

私ら世代には原作コミックよりも、テレビアニメのほうがなじみある「じゃりン子チエ」。

中学生の頃やったかな？　アニメが放送されてたんって。チエちゃんの**お父ちゃん・テツの声は、西川のりお師匠**やった。今考えてものりお師匠以上にぴったりの人はおらんって思えるぐらいの名キャスティング。


大阪の西成を舞台にしたと言われているこのアニメ。

「ウチは日本一不幸な少女や」のセリフでおなじみのチエは、極道者の父・テツの代わりにホルモン焼き屋を切り盛りするしっかり者でかなりの世話やき。いっつも下駄ばき。

ふっと考えてみてん。

チエちゃんが大きなったら、はたしてどんな大阪のオバちゃんになってるやろかなって。

アニメの世界のチエちゃんの三十年後。こんな感じはどない？


コテさばきに磨きがかかったチエの焼くホルモン焼き、お好み焼きは次第に評判を呼び繁盛店に。口も達者、頭もまわるチエは、実はかなりの商才の持ち主やってん。二十代ですぐ近くに、お好み焼きメインの二店舗めをオープン。三十代で阿倍野再開発に目をつけ、三店舗めをあべの筋に新しくできる商業施設内にオープンさせようと企み、日々奔走する。

四十代で念願かなってキューズモールと名付けられたショッピングセンターの中に、お好み焼き店をオープンさせる。

そこは行列必至の人気店となり、それに目をつけた開発業者から数年後にオープンする梅田の新しい顔・グランフロントという施設への出店を持ちかけられた。

けれど、そこはコテコテの人情の街で育ったチエのこと。

「梅田はウチの気質にあわん」といって、その誘いをにべもなく断るねん。

小金持ちとなった今でも、天王寺から西成界隈をチャリで移動するチエ。

あ、もちろんチャリには、**さすべえ**ついてるで。ほんでなまじ可愛い顔のままオバちゃんになったもんやから、一応日焼けには気つかってんねん。せやからさすべえには雨傘だけやなくって、夏には日傘をさしてるはずや。さらにあの**ロボットみたいな顔面覆うサンバイザー**も装着して、日焼け防止に余念がない。

西成、天王寺界隈のゴッドマザーって呼ばれてて、チエもその呼び名をまんざらでもないと思ってる。

それが私が妄想したチエの将来。

え？　テツ？　テツも元気やで。チエからお小遣いもろて地元でよう呑んでる。けど通天閣あたりにはちょっと前から寄りつかんようになってもうた。観光客だらけの通天閣は、テツいわく「情緒がない」らしいわ。

じゃあ、チエの親友である**ヒラメちゃんはどうやろう**。

すもうをとらせたらめっぽう強かったヒラメちゃん。そのパワーで子供二、三人いっきに抱っこできる大阪の怪力オバちゃんになってそうやな。

ああいう薄めの顔だちって、実はめちゃくちゃ化粧映えするやん？　せやからオバちゃんになったヒラメちゃんは劇的に顔変わってるかもしれんと思う。私はむっちゃ化粧濃いなってるとふんだわ。激変する自分の顔がおもろい思ってるうちに、どんどん化粧が濃いなってしもて、もう今さらやめられへんねん。

あとはそうやなぁ、意外と豹柄のスパッツ履いてるかもしれへんわ。しかもそれ、自分で買ったわけやないねん。姑から「はい、これ。あんたの分も買うといたったで」って言われて渡された豹柄スパッツ、気が優しいもんやから断りきれずに素直に履いてるねん。姑とお揃いでな。

それで子供前と後ろに乗っけて、チャリに乗ってるねんけど、パワーあるから電動自転車も抜かす勢いいや。

けどどんだけ化粧が濃くなってもヒラメちゃんはヒラメちゃん。オバちゃんになっても、きっと早口で喋ることはないはず。ちょっとトロいけど、気ぃは優しい大阪のオバちゃん。それがヒラメちゃんの将来ちゃうか。

「じゃりン子チエ」に出てくるチエとヒラメちゃん。この二人が三十年後か四十年後、大阪のオバちゃんとして街に根を張って生きてるんは、まぁ想像通りやろ？

けど、私はここに東京からお嫁入りしたあるひとりの人物を加えてあげたい。

それは**「サザエさん」に出てくる花沢さん**。そう、カツオ君のことが大好きな、あの花沢さんや。「サザエさん」みるたびに「**花沢さんって、なんか大阪のオバちゃんっぽいねんなぁ**」って思ってしまうんは私だけ？

あのええ感じの押しの強さと、厚かましさ。ぜひ大阪のオバちゃんにスカウトしたい。大阪に住んだらすんなりとなじんで、きっと立派な大阪のオバちゃんになると思うんよ。


たとえばこんなストーリー、どない？

花沢さんは高校生までカツオ君に片思いを続けるねんけど、結局その恋は実ることがなかった。傷心の花沢さんをなぐさめたんは、大学の同級生で、この彼が大阪の天王寺区出身。卒業後結婚した二人は大阪へ転居。旦那さんは実家のレストランを継ぐことになり、繁盛店の理由を知ろうと大阪市内の飲食店を花沢さんと食べ歩くうちに、チエの店に辿り着く。そこで出逢ったチエと花沢さんは意気投合して……。

この日以来、花沢さんは東京弁を封印し、チエからコテコテの大阪弁を習いながら、この街で生きて行く覚悟を決める。

そして四十代になった頃——。完璧な大阪弁をあやつり、誰よりも的確なつっこみをきめる花沢さんを、関東出身者だと見破る人は誰もいなかった——。

こんな感じで、チエ、ヒラメちゃん、そして花沢さんの三人は固い友情で結ばれた仲良し大阪のオバちゃん三人組として、ずーっと生きていくねん。

そんなストーリー、どうやろか？

▼琴子のリターン

毎日通天閣を見上げていたであろうテツもチエちゃんもヒラメちゃんも、**最近の新世界界隈の変貌ぶり**にはきっとびっくりやろね。

私らが子供の頃は「子供同士で言ったらあかんで」と言われていたあのあたり。

大学生ぐらいになると、たまにデートで行ったりはしたやんね。

天王寺動物園→通天閣に登ってビリケンさんの足の裏を撫でる→新世界界隈でスマートボールして遊ぶ→串カツで晩御飯。

これがよくあるデートコースやったけど、絶対女の子同士では行ったりはせえへんかった。

デート中も彼氏の手をしっかり握って離せへんようにはしてた。

それが今なんてどないよ⁉

陽が暮れてからでも、女の子同士で平気でぶらぶらできる街になったやなんて！

あのあたりが大阪の観光スポットになるなんて！　ほんま時代は変わるわ……。

24 ザ・大阪のオバちゃん的な芸能人は？

大阪のオバちゃんが「これぞ大阪のオバちゃん」と納得する芸能人とは誰か。

とりあえずやな、こないだ書いた上沼恵美子さんは別格やから置いておくとして。

満場一致で選ばれるんは、朝ドラ「**芋たこなんきん**」で作家の**田辺聖子**をモデルにした大阪のオバちゃんを演じた、**藤山直美**さんとちゃう？

大阪市生まれ。育ったんは京都なんがちょっと残念やけども。

お父さんは言わずと知れた、松竹新喜劇の大スター・**藤山寛美**。

大阪のオバちゃんらからしたら、あの寛美さんにそっくりな顔、そっくりな芸を持つ直美さんのことを愛さずにはいられへん。

あんまり東京では知られてへんかもしれへんけど、喋りもめっちゃおもろいもんなぁ。

特に、**やしきたかじん**とのトークは抱腹絶倒やった。私、直美さんとたかじんの共演を見るたびに「この人ら結婚したらええのに」って思っててん。そう願ってたオバちゃんはきっと私だけやないと思う。もうあの二人のトークが見られへんなんて、ほんまに残念や。

直美さんが出演する舞台のチケットは、大阪では争奪戦やね。

そういえば、東京のとある劇場で直美さん主演の舞台のポスターが貼ってあってん。それ見て「あ、直美さん！　東京でやるんやぁ」ってポスターに駆けよったら、一緒におった東京の友達に爆笑されたわ。「誰？」って。「藤山直美やん」言うたら「いや、なんとなくは知ってるけど、それより直美さんって友達？」って。どうやら藤山直美に親しみを感じるんはやっぱり大阪のオバちゃんだけみたいやな。

さて、若手の中で将来いい大阪のオバちゃんになるやろ、と期待されてるんは誰か？

またまた朝ドラ出身者になるけど、私は女優の**尾野真千子**やと思うねん。

彼女は大阪やなくって、奈良生まれの奈良育ちなわけやけども。

「**カーネーション**」の印象が強烈やからかな。

大阪であのドラマの人気は絶大なもんがあったし。普段辛口トークの大阪のオバちゃんらも、尾野真千子のファンの人多いよね？

バラエティ番組とかでは、コテコテの関西弁喋ってるんも好感度大やん。

大阪のオバちゃんは、飾らん人柄が大好きなわけやん？　せやから全国区の番組でも関西弁を通す俳優さんや女優さんみたらすぐにファンになってまう。**単純やねん、とにかく**。

関西弁喋ってるんを見ただけで「東京に魂売ってない」「故郷を忘れんと、ええ子やなぁ」ってすぐに感情が高ぶるから。それだけで応援したくなるねん。まぁ私もそういうとこあるけど。そういう意味では、関西弁ばりばりで通す**堤真一**も大人気やな、大阪のオバちゃんに。あ、話それてもうた。

尾野真千子。次世代の「これぞ大阪のオバちゃん」候補として、いつまでもずっと関西弁を忘れずに、大阪のオバちゃんの目を楽しませてほしいわぁ。

私がテレビ見て「あぁこれぞ大阪のオバちゃん」って思う芸人さんは**海原ともこ**！

コンビ名は**海原やすよ、ともこ**。そのお姉ちゃんのほうやな。あの人、ほんまおもろいやろー。やすよ、ともこの漫才に「**東京のショップ店員の物まね**」ってネタあるやん？　大阪人ならだいたい一回は観たことある爆笑ネタ。

私、東京に来てショップのお姉さんを見た時、吹き出しそうになったで。だってともこのモノマネにそっくりすぎやねんもん。ショップ店員にともこが乗り移ったんかと思った。

あの明るさ、あの豪快さ、あのおもしろさ。

私の個人的意見としては、海原ともここそ、**ネクスト大阪のオバちゃんの代表**やと思うねん。熱烈に推したいわ。

あ、妹のやすよは、ちょっとちゃうねん。私の中では、あの人は大阪のオバちゃんと言うよりは、京都のオバちゃん風。だってともこが言うてたもん。「やすよはイケズ」って。姉妹喧嘩してる時なんて、やすよって舞台の上でともこの足踏むねんて！　シラっとした顔して。それからともこがどんなにボケ倒しても、ボケ拾わんとつっこみもいれんと知らん顔してるとか……**あぁ恐怖のボケ殺し！**

そんなやすよのイケズぶりを話すともこのトークが、また最高におもろいねんけどな。


一時、**幸田來未**が「大阪のオバちゃんっぽい」ってよう言われてた時あったけど。

大阪のオバちゃんらは否定的やったね。

「私ら、あんなに肌露出してへんで」

「あんなにセクシーなカッコしてよう歩かんわ。大阪のオバちゃんがみんなあんなカッコしてるって思われたら困るわぁ。どうしよ」

そんな会話を喫茶店で盗み聞きしたことあるねんけどな。

いや、オバちゃん！　あれは衣装やから！　幸田來未も普段はあんな肌丸出しで歩いてるワケやないから！　ほんで心配せんでも誰も大阪のオバちゃんに露出は期待してへん。せやから勝手に困らんといて、お願い。

隣の席でカフェオレ飲みながら、そっとつっこんだわ、心の中で。

ついでにもうひとり。全然大阪弁やないけど、この人大阪のオバちゃんっぽいなぁって思うんが、**土屋アンナ**。東京弁やのに、なんか時折大阪臭がするんよねぇ。

天満あたりであんな雰囲気でお好み焼きを焼いてるすっぴんで金髪のオバちゃん、いてそうやろ。

ちょっとガラ悪いねんけど、親切やねん。

「姉ちゃん、これおまけしたるわ」言うて、イカゲソ焼いてくれる、そんな感じ。

▼琴子のリターン

大阪のオバちゃんの身内びいき、半端ない！

それまでそんなに興味なかった俳優や女優が「関西出身」なおかつ普段は関西弁で喋ってるとわかったとたんに「**ええ子やなあ**」「**性格よさそうやな**」ってなるねん。

なんで関西弁喋ってるだけで性格ええってわかるねん！　ってつっこみたいわ。

まぁ「飾らへん」「さっぱりしてる」は大阪のオバちゃんの大好きな言葉やしね。

尾野真千子はブラウン管を通して見た感じ、まさにそんな感じやもんな。

海原やすよ、ともこは私も大好き！

二人がただただショッピングセンターとかで買い物する番組「**やすとものどこいこ⁉**」、つい観てしまうんよ。

ともこはザ・大阪のオバちゃんで、やすよはザ・京都のオバちゃんってイメージ分けもようわかる。

前にともこがテレビで「**美人は三日で飽きるけど、おもろい女は一生飽きひん**」と**前田耕陽**が自分を選んだワケを分析してたけど、それもようわかるわぁ。

あんなおもろい人が家庭におったら、旦那もはよ家帰りたくなると思うねん。

胃袋と笑いのツボ押さえといたら、大阪では家庭円満やってことかもしれんね。

25 朝は円広志につっこみを

今やみのもんたより山城新伍よりタモさんより中居君より、大阪のオバちゃんの間で名司会者として認定されているかもしれへん人物とは誰か……はい、それは**円広志**です！

この円さん名司会者説、なんもあてずっぽうで言うてるんとちゃうねんで。だって円さんが司会やってる「**よ〜いドン！**」。この番組、二〇一四年十一月四日放送分の視聴占拠率が、二〇〇八年の番組開始以来最高となる53・0％を記録したそうやん！

（ちなみに占拠率とは同時間帯に視聴されている全番組の中で、当該番組が占める割合のこと）。

ちょっとー、なかなかすごいんちゃうのん、この数字。ここから推測するに、**もはや円さんは大阪の朝の顔となってるんちゃう？**

放送時間は朝の九時五十分から十一時十五分やから、大阪のオバちゃんは「朝は円さんの番組見よか」って決めてるってことやろ？

けどな、円さんのこと、残念ながら東京ではあんまりお見かけせえへんわ。

もし東京の人に彼のことを説明するなら、やっぱりあれやわな。一九八七年に大ヒットした「飛んで、飛んで、飛んで、飛んで」のフレーズでおなじみの「**夢想花**」。あの歌を作詞作曲して歌ってた人ですって。

実は森昌子さんの大ヒット曲「**越冬つばめ**」の**作曲者**でもあるねんけど、こっちは知らん人もいてるかもなぁ。まぁ関西人には「**探偵ナイトスクープ**」の**テーマ曲**の作詞作曲、歌唱でもよーく知られてるわけやねんけどね。

さて、その人気の秘密を探るために、またもや妹に録画してもらっといた「**よ〜いドン！**」を観ています。久しぶりやわぁ、これ観るのん。

円さん、伝説の人気コーナー「**となりの人間国宝さん**」でロケに出てはるわ。ほんで大阪のオバちゃんらに馴れ馴れしく声かけられまくってる。これ、お約束やな。円さんも馴れっこやから「あぁどうも〜」ってゆる〜くかわして、むらがるオバちゃんらをさばいてはるわ。

基本的に番組の仕切りはアナウンサーさんが担当するから、円さんは番組中はそんなに大きい仕事ないやんな。各コーナーの感想をゆる〜く述べて、その他はおもにパーソナリティ、たとえば今観てる回やったら**ハイヒール・モモコ**なわけやけど。モモコから、つっこまれたりイジられたりしてるわ。たぶんずーっとこの調子で終了時間がくるんよな。あ、これって名司会者言うよりも、どっちか言うたら迷司会者って感じやろか。

高視聴率番組といえども、これといって張り切るわけでなく、のんびりと進行するあたりが、アクの強い大阪のオバちゃんの**つっこみ心**を刺激するんかな?

大阪のオバちゃんが円さんにつっこみたいタイミングを逃さずに、代わりにパーソナリティがバシバシっとつっこむから、見てて気持ちいいんかもしれへんよな。

「**そこ、つっこむとこやろ!**」とオバちゃんらが思った瞬間を絶対逃せへん。まさにかゆいところに手が届く、みたいな気持ちいいつっこみ。モモコはもちろん**ハイヒール・リンゴ**も、新喜劇のキレ芸でおなじみの**未知やすえ**もやっぱり間合いが絶妙やもん。

「よ〜いドン!」を見ながら、女性パーソナリティにいじられたり、やりこめられたりする円さんの様子に大笑いする——。

これが今一番正しい大阪のオバちゃんの午前中の過ごし方なんかもしれんね。

けど、円さんもおちおちしてられへんで。なんといっても関西テレビの人気者、ハゲハゲビームで有名なあの**山本浩之アナことヤマヒロさん**がフリーになったんやもんな。これってすごいビッグニュースやん。

大阪のオバちゃんは、かつて担当番組内でおもむろに自らのカツラ着用を告白した山本さんのことが大好きやもん。ほんであの人、そのへんの芸人さんより相当おもろいし。

きっとこれからの大阪、今まで以上にヤマヒロ旋風が吹き荒れるはず。

せやから円さんも迷司会者の座をとられへんよう、ゆるく見せかけてしっかりガードしとかなあかんと思うねん。

▼琴子のリターン

「よ～いドン！」の中では、「**プロが教えるとっておき　オススメ３**」のコーナーが好きやねん。お店の紹介だけやなくって、お取り寄せできる商品も教えてくれるところがええわ。あのコーナー、本になってるん知ってる？　もう第三弾まで出版されてるんやけど、発売されたらいつも人気で本屋のええ場所にダーって陳列されてるねんで。うちにもあるし、実家にもあったわ。

あとな、関西のオシャレマダムが自分のいっちょうらを公開する「**関西いっちょうらコレクション**」っていうコーナーがあるねんけど。あのコーナー見たら、全国の人らが想像する間違った大阪のオバちゃん像をかなり修正できると思うねんけどなー。

関西にもおしゃれなオバちゃんいっぱいいいてるねんで！　と言いたい。

あ、同じ関西ローカルといっても「**土曜はダメよ！**」の中の「**ギョーテン‼　浪花コレクション？　～ナ・ニ・コ・レ⁉～**」は、決して関西以外の人らに見られたらあかんで！

祥子、このコーナーのこと覚えてるかな？　月亭八光が商店街や通りで個性的なファッションの関西のオバちゃん数人をピックアップして、その中からスタジオ出演者たちが「ベスト・オブ・ナニコレ」をひとり選ぶというコーナーやん？

あそこに出てくるオバちゃんらのファッションは、大阪人から見てもかなり個性的やから。あれを全国の人らが見て「そうそう、これぞ大阪のオバちゃん」って納得されたりしたらかなわんもん。あっこまで派手なオバちゃんはそうそうおらんっちゅうねん。

最後に告白しとくわ。ヤマヒロさんのこと、実は私も大好きやねん。だっておもろいやろ？　アナウンサーならではのあのすばらしい滑舌で、芸人顔負けのおもろいボケをかます。最強やな。

第3章

大阪のオバちゃん、ディープ「あるある」

26 怒濤のオリジナルクイズ攻め

ほんま笑かしてくれるわぁ、大阪のオバちゃんって。いや、うちのお母さんのことやねんけども。大阪に帰省してからというものの、隙あらば怒濤のクイズ攻撃で攻めてくる。

クイズ言うても、練りに練った複雑なもんとか、歴史にそった高尚なもんとかじゃないで。完全にオリジナル。主に自分の日常に関するクイズやねん。「いや、それ、誰が答えられるねんな」としか言いようないやつな。

けど、このクイズ攻撃、決してうちのお母さんだけやないと思う。大阪のオバちゃんって、すぐにオリジナルクイズ出題したがらへん？

代表的なクイズといえば、**なんといっても「これ、なんぼや思う？」やね**。

ほんまこの「これなんぼや攻撃」は最強やわ。ジャンルを問わん。洋服、アクセサリーだけやなく、スーパーのおつとめ品コーナーで見つけた白菜、閉店間際に行った魚屋さんでの戦利品のさんまとか。食材も家具も家電も、お得に買った時にはまず近くの人にクイズ出題。ほんでな、出した本人しか正解のわからへん超パーソナルクイズにもかかわらず、**生返事したらめっちゃ怒られるねん。**

クイズの内容ってだいたいこんな感じやん。

母「なあ、今日このイチゴ買ってん。あんた、これ二つでなんぼやった思う？」

子供「ふーん、千円とか？」

母親「ちょっとあんた！　全然真剣に考えてへんやん。二つで千円って、全然お得ちゃうのにそんなん買うワケないやんか。もっと真剣に考えてみい。ほらイチゴちゃんと見て。キレイなイチゴやで。ツヤッツヤやで」

子供「だって、イチゴの値段なんかわからへんねんもん。ええっと二つで八百円？」

母親「ブー。正解は二つでなんと五百円。すごない？　イチゴってだいたい底値でもスーパーで一パック、二百九十円やねんで。最初二つで五百五十円って言われたけどな、お母さんねぎって五百円にしてん」

子供「ふーん、すごいなぁ。やるなあ。なぁもうテレビ見てもいい？」

母親「ええで」

安く買った自慢が一通り終了したところで子供は解放。イチゴから目を離すことを許される。値段は間違っててもええから、全力で（フリでも良し）答えるところが、このクイズを終わらせるコツやな。

「今日な、駅で珍しい人にあったんよ。めっちゃびっくりするで。誰やと思う？」

「駅前にできた新しいパン屋さんの店主。年聞いてびっくりしたわ。いくつに見える？」

あんな、こんなん、別にクイズにしてこんでもええと思うねん。偶然会った人の名前や店主さんの年齢やら、最初からすんなり話してくれてもええと思うんやけどなぁ。なぜかとりあえずクイズにしてくるんよ。

これも絶対あれやな。**大阪のオバちゃん特有の盛り上げ癖**。クイズ形式にしたほうが会話が盛り上がるって信じこんでるねん。

実際はそうでもないねんけど。特に子供が思春期やったりしたら、うっとしがられるだけやねんけど。大阪のオバちゃんは、そんな程度じゃひるまへんからね。

そんなわけで、今日も私は到底答えられへんような超難問クイズに攻めにあってるわけやねん。

せやけどな、お母さん。お正月前で高騰した鯛の子の値段まではちょっと見当つけへんわ。

一応一生懸命考えたけどな。鯛の子って普段そんなに買わへんねんよ。お願い、もう許して……。

と本当は母に言いたい私でございます。

▼琴子のリターン

クイズ形式、あるある！　言う言う！

しかもうちのお母さんの場合、**一回したクイズすぐに忘れて何回も繰り返す。**

まぁ人間年とったらね、そこはしかたないやんね。


クイズの答え聞いた時に「へえーそうなん！」とかの**やや大げさめの相槌も忘れへんで。**

でも怖いことにな、私も娘にようクイズ形式で話しかけてることに、さっき気がついた。

なんやろな、これ。やっぱり**コミュニケーション術**のひとつ？

こうやって代々大阪の女にはクイズ形式の会話が受け継がれていくんかもしれへんな。

27　物の値段を訊くことにタブーなし

よくいわれる大阪のオバちゃんのイメージ↓〈がさつで遠慮がない〉。

たしかに私はがさつやけど。あ、わざわざ言わんでも琴子はよう知ってるわな。

けど全大阪のオバちゃんががさつとは断言できひんから、がさつ問題はちょっとここでは置いとこか。

遠慮がない。うん、たしかにこれについては否定できひんのちゃう？

特にそれが顕著に表れるのは、物の値段についてやと思う。

大阪のオバちゃんは、**物の値段について訊くこと語ることにまったくタブーがないんよね。**

大阪のオバちゃんが集まれば必ず始まる、あるある的な会話。

オバちゃんA「いや、奥さん。そのニット、買うたん？　ええ色やわぁー」
オバちゃんB「ええやろ、これ。なぁなぁこれ、なんぼやった思う？」
オバちゃんC「待ってや、言わんといてや、当てるから。うーん四千円」
オバちゃんA「もっと高いんちゃう？　質よさそうやもん。そやねえ、五千円」
オバちゃんB「ブーはずれ！　これな、近所の商店街で激安！　なんと千円やったんよ」
オバちゃんA・C「いや、ほんまに⁉　見えへんわぁ。すごいなぁ奥さん。買い物上手やわぁ」

これは安く買うたニットを自慢に思って、自ら値段を言いふらすパターンやけども。大阪のオバちゃんって、たとえ値段が高いもんでも平気で訊くやんか。
たとえば知り合いが購入した新築マンションに遊びに行った時の会話な。

オバちゃんA「わぁ広いなぁ、ここ。見晴らしもええし、最高やな。何㎡？」
オバちゃんB「八十㎡ちょっとぐらいかな」
オバちゃんA「へー、八十へーべー。あ、今のん別にシャレやないよ。せやけどゆったりやなぁ。ほんで、ここ、なんぼなん？」

どんだけ高額なもんであろうが、安いものであろうが一切の区別なく、平気で人に値段を訊くねん。さも当然のように。スルっと訊いてくるから、訊かれたほうもつい正直に答えてまうんよ。

とにかく物の値段を尋ねたり、訊かれてもないのに自ら申告したりするんは、大阪のオバちゃんにとっては極々当たり前の行為。

まさか訊かれて嫌がる人がいてるやなんて、思ってもないいんちゃうかな。


そういえば私が大阪から東京に引っ越した頃、家賃について遠慮なく訊いてきたんはほとんど大阪人やったで。「**今、どこ住んでんの？　ほんでそこ家賃なんぼ？**」

そういう質問は当然馴れっこやから、なんのためらいもなく正直に答えてた。けどもしかしたら周囲にいた大阪出身以外の人は「そんなプライベートなことをズケズケ訊くなんて！　しかも普通に答えるなんて！」と内心びっくりしてたんかもしれんよね……。


あ、大阪のオバちゃんが買ったばっかりのニットやバッグを「これなんぼや思う？」って訊いてきた時は、答えるほうにもお約束がある。それがたとえ千円に見えたとしても「二千円ぐらいちゃう？」って言わなあかんよね。

なぜなら大阪のオバちゃんにとっては、人が予測した値段よりも一円でもええから安く買えた、いうんが勝負に勝ったってことやから。**買い物上手って思われるんが何よりの誇りやねん。**

訊かれたほうも**ちょっとサービス精神だして、高めに答えといたらええねん。**それが結局のところ大阪の平和につながるんやから。

▼琴子のリターン

そうか〜。物の値段について、軽々しく訊いたらあかんのね。たしかに大阪では「なんぼしたん？」「これなんぼやったと思う？」っていう会話、普通。あっちでもこっちでもよう聞くもん。ほんじゃ大阪以外の人には、ある程度の時間かけて信頼関係を築いてからにするわ。それやったらええんちゃうん？　いや、それでもあかんのかな……。なんや、大阪以外の人ってずいぶん繊細なんやな（笑）。

そうそう、今度会うとき、一緒にお初天神行ってみいひん？　最近はテレビなんかで縁結びに強力な力を発揮するパワースポットとしてよう紹介されてるらしいねん。娘に教えてもらった。「曾根崎心中」のお初・徳兵衛は心中してまうわけやから悲恋なんやけど、それほど固い絆を結べる人と巡り合いますように……みたいな感じちゃうかな？　よう知らんけど。

私は結婚してるから関係ないねんけど、祥子はほら、独身やし。行っとこう。

あ、こういうのズケズケ言うんも大阪のオバちゃんの証拠なん？

28 愛想、愛嬌なしでは大阪では生きていかれへん

なんと、お初天神が恋愛系パワースポットに⁉

おもろそうやな、それ。行っとこ。なんか独身云々って憎たらしい発言してたような気もするけど、読まんかったことにしといたるわ（笑）。

さて、今日はな、大阪のオバちゃんの口癖でもある「愛想と愛嬌」について書こうと思うねん。

「あの店は、愛想ないから、あかんわ」

「べっぴんさんやないけど、愛嬌ある子やし、ええんちゃう？」

大阪のオバちゃんがなにかにつけ口にする二大ワードが**「愛想」「愛嬌」**。

これはなんも女性に対してだけ使う言葉やないっていうんは、琴子もようわかるやろ？

特にオバちゃんらが重視するんは、**お店やってる人らの愛想と愛嬌**やと思うねん。

東京に来たことのある大阪人やったらきっとみんな口を揃えて言うことやと思うけど。例にもれず私も東京に引っ越した当初はまぁ驚いたでぇ。なにがって？

そら、お店の人の愛想のなさに決まってるやん！

東京でお店に立つ店員さんに笑顔が少ないこと言うたら、もう！　びっくりしますわ。

なんでか知らんけど、みんなだいたいが「ツン」としてはるねん。最初の頃はその「ツン」とした接客をうけるたんびに、己を振り返ってしもたわ。

なんか私が粗相したん？

もしかしたら私の大阪なまりがキツすぎて、言うてることがようわからんとか？

大阪の接客とのあまりのギャップに、悩んだもんやで。もうちょっとで「私が悪いんかも」と自己否定に入るとこやったわ。まぁ、そんな殊勝な気持ちは十秒しか持たんかったけど。

たぶん東京ではスタイリッシュ、スマートであることがもっとも重要やねん。

せやけど、なんせ**ベタベタな人情の国・大阪**からやってきた人間やん、私。そらカルチャーショック受けるんもわかってくれるやろ？

「**やっぱり東京はなぁ、なんかこうみんながイキってるで**」

上京当初はようそう言うて、妹にラインして愚痴ったもんやわ。ちょっと脱線するけど、「イキってる」。これも東京では通じひんで。訳すと「すましている」とか「カッコつけてる」っていう感じやわな。大阪ではちょっとカッコつけて歩いてたりしたら即座に友達とかから「**なぁなぁ、自分、イキってるん?**」とつっこみの嵐にあう。

ツンケンして愛想ない店は「なんやえらいイキった店やなぁ」と**イキリ**の烙印押されて、二度とリピートしてもらわれへん。

このイキると対極にあるんが、愛想と愛嬌とちゃう?

大阪で生きていくには、ほんまこれは何よりも大切なもんやで。

初めて行ったお店でまず「愛想ええかどうか」のチェックするんは大阪のオバちゃんにとって重要なミッションやから。いくら美味しくても、いくら安いお店でも「愛想悪い」「愛嬌がない」となると、大阪のオバちゃんは辛辣に評価するもんね。まぁあと一回ぐらいはチャンスあげるかもしれんけども。

再訪で愛想、愛嬌に改善なしやったなら大変や。オバちゃん同士の横のつながりで「愛想ない店」として評判が一気に拡がってしまう。

この坂きっつ〜
ちょっとそこで
休まへん?
ええけど
えらい
イキってる店
やでぇ

味や品質に大きな差がないんなら、**まず愛想のいい店を選ぶんが大阪のオバちゃん。愛想は減るもんやない。だからこそ愛想は出し惜しみしたらあかん。愛想ようされて気ぃ悪い人はおらん。**

それが大阪のオバちゃんの哲学。

私もようお母さんから言われたわ。

「とりあえずニコニコ愛想ようしとき。それで損することはない」。

大阪で「愛想いい」「愛嬌ある」は、もしかしたら「おしゃれ」「べっぴん」って言われるよりも格上の褒め言葉かもな。

愛想と愛嬌があるということは大阪で生きる上では大きな武器やと思うねん。

もっと言うなら、大阪だけやなく、どんな場所でもこの二つの武器さえあればなんとか乗り切っていけるような気ぃするわ。

愛想と愛嬌なくして、生きる資格なし――。

大阪のオバちゃん仕込みのこのスローガン、今度たすきにでも印刷しよかしら。

▼琴子のリターン

愛想と愛嬌なくして、生きる資格なし――。

文字にしたらえらいカッコええな。

けどほんまにな、お商売やってる人で愛想なしなんて、そんなん大阪では絶対ありえへんもん。

イキった態度の飲食店なんて……考えただけで恥ずかしいなってさぶいぼたつわ。

ぜひ教えてあげて、**大阪仕込みのベタベタな接客**。

あ、まずはスローガン印刷したたすきをつけて、祥子が新宿とか渋谷とか練り歩いたらええねん。

目立つで！

29 擬音だらけの大阪弁

大阪のオバちゃんらは、今日も元気に擬音だらけの大阪弁を喋ってるな。

帰ってきて、ほんま大阪人の擬音好きを実感するわ。

ほら、琴子も知ってるように、私、シナリオを勉強するために学校に通ってるやん？

学校の先生が授業で、こんなことを話してはったことが記憶に残ってるねん。

「**大阪の人の書くシナリオには、ト書きにオノマトペ（擬音）が多すぎます**」

シナリオにはな、状況や場面を説明する〈ト書き〉というものがあるねん。でもこれはあくまで説明文やから、よけいな情報を入れずに極力シンプルに書くのがお約束。

たとえばちょっと例題あげてみよか。

○優子の部屋（夜）
大きな音をたててドアを開け、一郎が入ってくる。
ベッドの上の優子の死体を見つけ驚く。
一郎「ギャー」

これを正解とするやんか。ところが、同じシーンを大阪人が書いたなら。

○優子の部屋（夜）
一郎がドアを**バッタンと**大きな音をたてて開け、**ドスドスっと**入ってくる。
ベッドの上に死体があるのを見つけてものすごく驚き、**ドタドタと**走り去る。
一郎「ギャー」

とまぁこんな感じで、大阪人がシナリオを書くと、隙あらば随所に擬音を入れたがるクセがあるらしいねん。

やったらあかんって言われてんのに、ついつい書いてしまう大阪人の悲しい性。

まぁそれも無理もないわな。だって大阪人はオバちゃんもおっちゃんも、そして若者、子供に至るまで、擬音が大好きやん。中でも、特に擬音が激しいんは、やっぱりオバちゃんらやと思う。

たとえばちょっと例あげてみよか。

ある日のオバちゃん同士の会話。

オバちゃんA「Bさん、こっちこっち！」

オバちゃんB「ごめん、バタバタで。ちゃうねん、あんな。家出てすぐに、えらいことなってしもたんよ。ひゃーってなったわ」

オバちゃんA「なんなん？」

オバちゃんB「家出たとこに、大きい水たまりあったん気づかんとな、バシャッやん！　ほんで、靴がズブーって。いうてもあんた、これサラ（新品）なんよ」

オバちゃんA「あーぁ」

オバちゃんB「びしょびしょなってしもて、こらあかんってダーって家戻って、靴履き替えたら今度は靴擦れズルズルなってしもて」
オバちゃんA「いやっ、汗ダラダラやん、大変やったなぁ」

あるやろ、これ？　普通によくある会話やろ。なんでか知らんけども、擬音なしでは絶対に生きていかれへん大阪のオバちゃん。

琴子、嘘やと思う？　試しに大阪のオバちゃんがいっぱい集まってる場所に行って「これからの一時間、一切擬音を使わずに会話してください」って言うてみ。

普段「どんだけ喋りたおすねん」って言いたくなるぐらいお喋りな大阪のオバちゃんらが、シーンと急に水を打ったように静かになるはずやから。なぁ、ぜひ実験してみてー。せや！「**探偵ナイトスクープ**」にでも実験依頼のハガキ出してみよかなぁ。

あの番組、**越前谷俵太**が探偵の頃（初代やったかな？）が一番大阪っぽくって面白かったなぁ……しまった脱線した。最後、擬音となんも関係あらへんやん。

▼琴子のリターン

わかる！　**探偵ナイトスクープは初代探偵が最高**説にはめっちゃ同意しとくわ。そして**上岡龍太郎**さんの局長がまた見たい……。

そうそう、こないだ埼玉から引っ越してきたママ友がな「最初は大阪弁が怖かった」って言うねん。「どこがやねん」って速攻つっこんだわ……もちろん心の中でやけど。

私らからしたら、東京弁？　標準語？　のほうがよっぽど怖いっていうか、冷たく感じるねんけど。聞き慣れてない言葉ってそういうもんなんかな。

30 大阪弁はスタッカート

大阪弁が怖い――。

そんな意見、聞いたことある、ある。

琴子が言う「東京弁は冷たくて怖い」って気持ちもようわかる。

怖い、の種類がちょっと違うよな。大阪弁と東京弁では。

大阪弁が怖い言われるんは、つまり「**ガラ悪い**」ってことやん？　対して東京弁の怖いは「**冷酷・冷淡**」ってことちゃうかな。

どっちの言葉もよう知ってみたら、怖いこともなんもないねんけど。

これは大阪と東京、二つの街に住んだからこそ言えることなんかもしれんね。

「大阪のオバちゃんっていつも怒ってるように見える」って言う人もいてるみたいよ。

でもそんなわけないやんなぁ？　だって大阪のオバちゃんって、基本的に明るくってほがらかな人が多いと思うもん。にもかかわらず、そんな印象を持たれてしまうんは、ひとえに大阪弁のテンポのせいかもしれんよね。

「大阪弁はスタッカート」

東京でそんな風に表現した友達がいてん。

なるほどーうまいこと言うなぁって思った。

ずっと大阪弁しか喋ってけえへんかった私らは、特に意識したことないけど、言われてみればたしかに！　**大阪弁って言葉と言葉の間に小さな「っ」を入れるような喋り方**なんかもしれへんと思う。

そう、たとえば大阪のオバちゃんと娘の会話を例にすると……。

オバちゃん「あんたっ。はよご飯食べてまいやっ。冷めるやんかっ」

娘「うん、わかったって。このライン返してから」
オバちゃん「あかんあかんっ。ラインは晩ご飯の後にしぃっ」

大阪ではごくごく日常的な母子の会話。

でももし大阪以外の人がこの会話を読んだら「ほら、やっぱりオバちゃん、怒ってるじゃない」って思うかもしれへんで。

「怒ってる」と思われる原因は、私の友達が言うたみたいに「スタッカート」、つまり小さな「っ」が入ってるからなんかも。このせいで**喋りがリズミカルになりすぎて**、きつく取られたり、怖いって思われたりするんちゃうかな。

あと、**巻き舌**。大阪人って、巻き舌の人多いやろ？　らりるれろがつい巻き舌になってしまうねん。これ、私のクセでもあるねんけど。


巻き舌言うても、全大阪のオバちゃんがまるでVシネマのように「**われーっ**」「**おんどりゃあ**」**とか言ってるわけでは決してない**。これもたまにある誤解のひとつやな。

いやいや、そんなオバちゃん見たことないっちゅうねん！　**大阪、そんな怖いとこちゃうっちゅうねん**、と声を大にして言いたいわ。

「われーっ」でも「おんどりゃあ」でもなく、つい巻き舌になってしまう大阪のオバちゃん言葉ってなにがあるかな……**「ほんだら」「言うたやろ」とかかな？**　これは普段からよく使う言葉やし、特に怒ってるわけでなくても舌を巻いてしまいやすい。

え？　これってもしかしたら私だけ？


今ひらめいたけど、大阪のオバちゃんの舌はイタリア人と同じ構造なんちゃう？　意識しなくとも自動的に舌が巻かれていく、的な。

だから、琴子の埼玉から引っ越してきたママ友にお願い！

もし大阪の町でそんな巻き舌バリバリのオバちゃんと遭遇したとしても「怖い」とは思わずに、**「舌がイタリア人なのね」**とどうか温かい目で見守っていただければ幸いです。

って、伝えといてや。よろしくね。

最後にこんなアホなお願いをして、明日私は闘いの場所・東京へ戻ります。

▼琴子のリターン

うん、わかった、埼玉出身ママ友に言うとくわ……って言えるわけないやん！

ネタにされてるって思われて、怒られるわ。

っていうか、大阪のオバちゃん＝イタリア人説なんて、真面目なママ友に話したら「この人、頭大丈夫かな」って心配されるし（笑）。

ずっと大阪で育ってきた私はなんとなくわかるで。巻き舌だけやなくって、**陽気で能天気**なところも似てるかも。まぁイタリア行ったことない私が言うんもなんやけど（笑）。

そやけど寂しいわ。もう少し長くいてたらええのに、大阪に。

けどまぁ今回は二週間もいてたんやもんね。

私も年末に一回、年始に一回と合計二回会えたし……ここは「また頑張ってきぃや」と笑顔で送り出そうと思います。

ぼんち揚持った？　おにぎりせんべい持った？

お好み焼きもたこ焼きも満喫したようやし、当分はソース禁断症状も出えへんですむかな。

大阪に帰ってきたからこそ、また新たに気づいたこともあるやろ？

この二週間が祥子の脳にええ刺激を与えたはずやと信じてるわ。

また手紙ちょうだい。すっかり祥子からの手紙が待ち遠しくなったわ。

31 大阪で気づいたあれこれ

新大阪駅の中の〈くくる〉で焼き立てのたこ焼きを食べながら、寂しさで胸がつまりそうになりました。

あかんね、長くいたらいるほど里心がつく。

もう東京に戻るんやめようかなぁとか、熱々のたこ焼きを頬張りながらぼんやり考えてもうた。

私にとって大阪は極彩色で、東京はモノトーンのイメージ。

またこれからモノトーンの街でフルスロットルで頑張らんなあかんのかと思うと、ちょっと心が弱なって、たこ焼き食べ終わったら環状線に乗って実家に帰りたい衝動に襲われたけど。

でも、進んだで。

最後の一個をじっくり味わってから、ホームへと進みました。

くくるのたこも「行ってきぃ。また東京で頑張ってきぃ」って言うてくれてる気ぃがしたわ。

……ってここまで読んで琴子が言いたいこと、もうわかってるで。

「まだたこ焼き食べるんかい！」やろ？

そこな。それしかないわな。


さていつまでもおセンチに浸ってられへんから、今回の帰省で新たに感じたこと、気づいたことをちょっとまとめてみる。


大阪帰ってきてすぐに「あー、これこれ」って思ったんは**ゴミ収集車の音楽**やわ。

タラララン、タラララーン。タラララランランラン。

島倉千代子さんが歌う「**小鳥が来る街**」のオルゴールバージョン。

ゴミ収集車、ゴミの日と言った瞬間、大阪人なら誰もがすぐに脳裏に浮かぶあの音楽。

久しぶりに聴いたら、やっぱり「大阪帰ってきたわぁ」って懐かしい気持ちになった。

あんな琴子、びっくりしいなや。

東京ではゴミ収集車は無言でやってきて、無言で去っていくねんで！

大阪やったら遠くにあのゴミの音楽が聞こえたら「あ、もうすぐ来る！」ってわかるから、慌てて最後のゴミの袋の口をギューってきつう縛りながらゴミ置き場に走り出す——これがゴミの日の大阪のオバちゃんの定番スタイルやん。

それ、東京では通用せんのよ。なんせ合図がないから。まだ大丈夫かなぁとか思ってゴミ置き場に行ったら、とっくに去ったあとやったってことあるねん。

ほんま東京のゴミ収集車、愛想ないわぁ。


それからな、今回の帰省であっちこっち観察して、気づいたで。

大阪のオバちゃんてな、**めっちゃ同じ単語繰り返して言うねん**。しかも一気に早口でな。

「ちゃうちゃうちゃうちゃう」

「あかんあかんあかんあかん」

「待って待って待って」

「見て見て見て見て」

くどいっちゅうねん！

この連呼する癖、大阪のオバちゃんがうるさいって思われてるひとつの原因ちゃう？

って、なんか他人事みたいに言うてしもたけど。この法則に気づいてから数分後、思いっきり「それそれそれそれ！」って普通に連呼してる自分に気づいたわ。うん、言うわ、私。ほんで、東京でも絶対言うてるわ。指摘されたことないけど。東京の友達は私のこんな癖、きっととっくにお見通しなんやろな。

「ちゃう」って一回言うただけでも充分通じるはずやのに。なぜ何度も繰り返す、大阪のオバちゃん？

あとな、**大阪の男子っておしゃれすぎひん感じ**がして、そこが私としては安心するねん。

この場合の男子って二十代から三十代ぐらいのことな。

東京は、とにかくヘアスタイルから靴までトータルでビシっとキメた男子が多い！

雑誌からそのまんま抜けだしてきたみたいやで。

女子のおしゃれについては、大阪と東京でそんなに差はないように思うんやけど。

男子はちゃうわぁ。これってもしかしたらあれかな？　大阪であまりにおしゃれにキメまくってる男の子には「うわ、自分、なんか今日イキってるやん？」って茶化しがはいるやん？　友達から。

東京ではきっとそんなんないんやろな。せやから盛大にキメまくれる。

もちろんこっちにアパレルの本社が多いっていうこともあるやろけど。

大阪のオバちゃんである私からしたらやな「東京の男の子ってお洒落全開やなぁ」って、びっくりするわけやねん。せやからキメすぎてへん大阪男子のファッションみたら、なんかホっとするんよね。

そして重大なこと！

最初のほうの手紙で、大阪のオバちゃんってパンチパーマって思われてるねんでって憤慨してたやろ。そんなわけないっちゅうねんって。

あれな、ちょっと訂正しよかなって思う。

言うても、**パンチパーマだらけって説は絶対ちゃうで。**それはない。けどな、今回の帰省で美容師の子と話ししてわかったことあるねん。

大阪のオバちゃん、あ、この場合はだいぶ年配の人らのことな。六十代から上の人らぐらいかなぁ。この年代の人らは昔から年末近くなったら美容室に来て「**きつうパーマあてて。しばらくパーマ取れへんように、しっかりきつう**」って言いはるらしいわ。お望み通りに強めにパーマをあてるらしいねんけど、たいていのオバちゃんがショートなもんやから、できあがりがパンチか大仏さん風になるらしい。

ほんで、次にオバちゃんらがパーマで来店するんは、お盆前らしいわ。

そこから、そんなパーマあてる人のこと、「**盆暮れパーマのお客さん**」って言うらしいんよ。

「大阪のオバちゃんはパンチパーマ」って風評は、この**盆暮れパーマあてたてほやほやのオバちゃん**を、観光客が偶然見たことから広まったんとちゃうかと、今回の帰省で推測したわ。

けど、美容師の子が言うてた。ここ何年か「とにかくきつうあてて」って言う人、がっくり減ったって。盆暮れパーマって言葉もそのうち死語になるんかもしれんね。

今回の帰省で気づいたこと、とりあえず忘れたらあかんから書いてみました。

あ、琴子。今度は琴子が東京に遊びにきてよ。一緒に表参道歩いて、めっちゃお洒落がキマってる男子見て「むちゃむちゃイキってんなぁ」と語り合おう。きっとおもろいで。

▼琴子のリターン

無言でやってきて無言で去っていくゴミ収集車！　ほんま、なんて愛想ないんやろう。けど、あのタラランラン、タラーラランラン♪の音楽、全国どこでも同じやとばっかり思ってたわぁ。まぁ**ゴミ収集車さえ賑やかって、いかにも大阪らしい**てええけど（笑）。

うんうん、行く行く、東京。表参道行ったら誰か芸能人に会えるかな。もし誰か目撃したら、娘に思いっきり自慢するねん！　って、この考えがもはや大阪のオバちゃん丸出しやわな。

32　失敗はネタにして消化

東京に戻って新宿駅の人ごみを見た瞬間「あぁ、東京やわぁ」って思った。

梅田や難波の混み具合は人間にとってギリギリ許せる混み具合。対して東京駅やら新宿や渋谷はあきらかに人間が耐えられる混雑の限界を超えている気がする。

そうは言うても、またこれからしばらくこの街で頑張らんなあかんわけやけども。

今回はあのモダン焼きで有名な**鶴橋風月の焼きそばソース**を持って帰ってきたから、ストレスたまりそうになったら、とりあえずは焼きそば焼いて発散させるわ。

さて大阪のオバちゃん観察が主な目的やった今回の帰省。勉強になったわ。やっぱり**生大阪のオバちゃんは迫力ある。**

大阪のオバちゃんって、あれやな。**自分の失敗談を語るんが大好きな人種やな。**よう聞いたわ、今回も。喫茶店やら電車の中やら、駅のホームやらで。

大阪のオバちゃんは喋る時に自分を落としてなんぼ。人に面白がってもらったり、笑ってもらったり、つっこんでもらったり、**とにかく楽しんでもらってなんぼやねん。サービス精神が旺盛で、人の笑った顔を見るんが大好き。**自分の周りが笑顔でいっぱいになるんやったら、失敗談でもなんでもガンガン率先して話して、場を盛り上げたい。

これこそが**大阪のオバちゃん的生き方**やって言えるんちゃうやろっか？

「ここぞ」という時に披露できる鉄板ネタを持ってるオバちゃんも多いし。

たとえ失敗や間違いをしても、いつまでもそのことでクヨクヨ落ちこんだりはせえへん。**適当なところで「あ、これ、人に喋ったらおもろいやろな」と切り替えられるスイッチを持ってるんやと思う。**失敗をいつかネタとして使ったろうと考えているうちに、クヨクヨメソメソは段々と小さくなっていくんとちゃうかな。もっともオバちゃんの鉄板ネタは何度か話されるうちに、ちょっと盛り気味になったりしてるけど。まぁこれもオバちゃんらの愛嬌やな。

人生に失敗や間違いはつきもんで、誰にでもあることやと思う。どんな偉い人にも、大人にも子供にも男にも女にも。生きている以上、失敗や間違いはやってきてしまう。

もしも今、失敗や間違いのせいで、ものすごく落ち込みそうになってる人がおったとしたら。この**大阪のオバちゃんマインド**を教えてあげたいわ。

「この失敗はいつかネタになる。ネタになって、みんなで笑いとばせる日が絶対にくる」

悩んでる人には、そう考えてなんとか気持ち切り替えてほしい。

ほんで、山あり谷ありの人生をたくましく乗り越えて行ってほしい。

心からそう思うわ。

▼琴子のリターン

どないしたん？　そういう祥子こそ、なんか心配ごとでもあんのん？

ちょっと熱い文面やったから、どないしたんかと思ってもうたで。東京に帰って、松岡修三にでも会うた？

けど、言いたいことわかるで。

私かって娘に「**アホでもええわ。おおらかで強い心を持って成長してほしい**」って思うもん。**笑顔が多いんが一番**やと思う。

娘がなんか落ち込んだ顔してたら、笑わせたらなあかんなぁって思うんやけど。

せやけど私の話なんてそんなおもろないやろから、とりあえずお笑い系のテレビ見せとくねん。

あ、例のティッシュの話も忘れんと書いときやー。

33 もらってええんはティッシュのみ

東京に戻ってきて数日、自分が使ってる沿線が人身事故続きで。特に女子高生が亡くなったっていうのを聞いて、物凄く悲しい気持ちになったんよ。なんとかならんかったんかな。どんな悩みがあったんやろう、とかね。

もちろん詳細はわからへんし、軽々しいことは言われへんねんけど。でも悩むだけやなくって、上手に気持ちを切り替える方法を誰か教えてあげられへんかったんかなぁと。

そんなこと考えてたもんやから、こないだはちょっと暑苦しい手紙になってもうてん、ごめんやでぇ。

さぁ、話変えよか！

琴子のアシスト通り、大阪のオバちゃんのティッシュ問題について書こうっと。

大阪のオバちゃんは、町で配られているもんは、**ティッシュかティッシュじゃないかを瞬時に判断**し、ティッシュ以外には目もくれへん。それ以外で受け取るんは、シャンプー、リンス、化粧品の試供品ってところかな。けどこれらの試供品は、おおむね若い女子がターゲットとなっているため、オバちゃんに配布するんは避けられる。

けど、大阪のオバちゃんは強い！　そんな年齢差別に負けてへん！　配られているものが試供品とわかるやいなや、通り過ぎてても引き返して「**お姉ちゃん、私にもちょうだい**」って言いながら満面の笑顔で手を出すんよね。

これ、琴子と心斎橋を歩いてた時に実際に見た光景やわな。

この行動を書いたら、また大阪のオバちゃんはケチとかがめついとか思われそうやけど……。ちゃうねんなぁ、そうやないんよ。

しっかりちゃっかりしてる、っていうべきちゃう？　ほんでとにかく無駄なこと、ものが大嫌い。合理的と言ってもいいかもしれへん。

ほら、ホルモンの語源からもわかるやん？　諸説あるみたいやけど、ホルモン焼きとかに使われるホルモンは、大阪弁の「ほ（放）るもん」からきてる、って言われてるやろ？　これ、大阪のしっかりちゃっかり精神と、〈始末の文化〉をよく表していると思う。本来なら捨てられていた牛や豚の内臓のお肉を「もったいない。食べられるやん」と言って焼いたり煮たりして食べてみたら、これが美味しかった。

「こんな美味しいのん、今までほってたなんて、もったいなかったなぁ」って最初に食べた人は、さぞ盛り上がった思うわ。

この場合の「もったいない」は、**食材に関するリスペクト**から出た言葉で、決してケチやがめつさからきているんじゃない。


こんなふうに昔から伝わるしっかりちゃっかり文化を、今も受け継いでる大阪のオバちゃん。自分らがケチとかがめついとかそんなふうにイメージされてることはよう知ってるねんけど、そんなんどこ吹く風。

オバちゃんらは、他人の目を意識して生きてへん。自分らの生き方に自信を持ってるねん。

せやから、今日も「どっかでティッシュ配られてへんか」と眼光鋭く町を歩いているはずや。けど、一個もらって「もう一個ちょうだい」って言うんは、あれはちょっといきすぎやけど。配ってるお姉ちゃん、困ってはったもんな（笑）。

オバちゃんたち！　ティッシュは一個もらったら満足しときましょ。がめつい、ど厚かましいって言われんためにもね。

▼琴子のリターン
あぁそうか、人身事故な。

祥子、言うてたもんなぁ。東京に行ってびっくりしたんは、人身事故の多さやって。

大阪でもあるけども、その比やないって……。

まぁ人口も多いからやろうけど、それだけやないんかな。


ティッシュの話、ちゃんとまとめてくれてんな。

ママ友のひとりで、子供にまで徹底してはる人いてるもん。

「外で渡されてもらっていいんは、ティシュのみやで。チラシとかはもらいなや」って。

さすがに私はそこまではよう言わんけどな（笑）。

34 大阪のオバちゃんは男を尻に敷くか否か

東京在住の友人Aさんからご質問がありました。

「大阪のオバちゃん**夫婦の力関係**ってどんな感じなの？」

はい、これ。大阪以外にお住みの皆さんは、きっと気になるところではないでしょうか。


っていうことで、今日はこのあたりを考えてみよかな、琴子。

他県の人からどんな風にイメージされているのかは、だいたい想像がつくやろ？

パワフルな大阪のオバちゃんの尻に敷かれて、いつも小さくなって居心地悪そうにしている大阪のおっちゃん。

絶対、こんな感じに思われてるねんで。

けどこれちょっとちゃうやんなぁ。完全にはずれではないけど、あたりでもない。

だってな、琴子。大阪のオバちゃんって、実は案外男を立てる生き物やって思わへん？

たしかに大阪のオバちゃんは、ポンポンと物を言う。ほんで、その言い方も多少乱暴に聞こえることがあるかもしれへん。
休日のスーパーなんかでよう聞く会話ってこんな感じちゃう？
オバちゃん「ちょっとあんたっ！　今日なに食べたい？」
おっちゃん「せやなぁ。トンカツ？」

オバちゃん「あかん、あかん。昨日も揚げ物食べたやん。カロリー高すぎや。油摂りすぎたら、顔ギトギトなるで」
おっちゃん「ほんだら……生姜焼き？」
オバちゃん「また豚肉かいな！」
おっちゃん「ほな、鍋にしょうか？」
オバちゃん「鍋ええなぁ。チャッチャッとできるし。なんの鍋にする？」

うん、これだけ読んだら、オバちゃんが完璧におっちゃんを尻に敷いているように見えるかもしれへん。

でも実はこのトーク、オバちゃんが一方的に偉ぶっているわけでもなく、まして怒っているわけでもない。

よーく読むと、おっちゃんの摂取カロリーや、栄養の偏りを心配しているのがわかるし。

そして鍋！　鍋に落ち着いたんは、野菜がたくさん食べられるからやろ。やっぱり、おっちゃんの体を気遣ってのことやねん。えっと……後片付けと準備が楽、言うんもたしかにチラっとはあるけどな。


大阪以外の人が聞いたら「キツイ感じがする」「いつも怒っているみたい」と言われがちな大阪

弁のせいで、相手を思いやっているのにもかかわらず、尻に敷いているように思われがちな大阪のオバちゃん。めちゃ可哀想やん。

なんとかその汚名を覆してあげたい……と考えてたら、ええ事例があったわ。


大阪と言えば阪神タイガース。熱狂的な虎ファンが住む街として有名やわな。

私も東京で何人の人に「**やっぱりタイガースファンですか？**」って訊かれたことか……。野球に興味ない言うたら、めちゃがっかりされるねんけど。

ほんまは全大阪人が阪神タイガース好きなわけや決してないのに。

実際、私の子供の頃なんて、男子の多くは巨人ファンやったで。子供なんてそんなもんやん、地元愛より圧倒的勝者への憧れ。

あ、またもや話が脱線した。タイガースの話やったな。

全大阪人がタイガースファンやないというてもやな、人口のうちかなりの数の人間がその勝敗に一喜一憂するんもこれまた事実。

春から夏、大阪の男たちはテレビの前にかじりつく。もちろんチャンネルは**サンテレビ**。

野球の試合が行なわれてるのってけっこう長い期間なわけやから、大阪のオバちゃんかって、他に見たい番組があって当たり前。

けれど、とりあえず阪神タイガースの試合さえ見せておけば、旦那さんはまた明日から機嫌よう働いてくれる。

それがわかっているからこそ、オバちゃんたちは**野球のシーズン中はチャンネル権をおっちゃんたちに譲ることが多い**。

ほんで、おっちゃんが野球に夢中になっている間に、オバちゃんは食事の用意や後片付けをサササっと済ませてしまうんよね。

なんでか言うたら、阪神が勝っても負けても面倒くさいことになるから。

勝った場合は共に六甲おろしを歌うことを強要され、負けた場合は延々とその日の監督の采配についての愚痴を聞かされるねんもん。

せやから、大事な用事は野球中継が終わる前にすませておかなあかんねん、オバちゃんは。

あ！　考えてみたらこれって、前に書いた子供に吉本新喜劇を見せるんと同じ要領やな。

大阪のオバちゃんの知名度に押されて、普段は片身の狭い思いをしていると思われがちな大阪のおっちゃんらやけど。

実はけっこう男尊女卑的な考え方をする人が多かったりする。

東京に引っ越してきて、大阪人以外の人と接するようになって、その考えはより強くなったわ。

東京のおっちゃんは、大阪のおっちゃんと較べると、私から見るとなにかと寛大やで。

大阪のオバちゃんは、そんな**えばりたがりぃな大阪のおっちゃん**をとりあえずは立てておいて、実は上手に手の平で転がしてると思うわ。操縦、めっちゃうまい。
実は古風で可愛いとこある大阪のオバちゃんの一面、これから私が東京で熱く語って広めておくわ。

▼琴子のリターン

やっぱり全大阪人は阪神タイガースファンやと思われてるんやね。
そら、私らも甲子園に通った時期はあったけど。高校生ぐらいやったっけ？
けど、あれって特に熱狂的なファンやったわけやなくって。
なんとなく大勢でわいわい盛り上がれるんが楽しかっただけというか。
甲子園でナンパされる、っていうんが流行りやったってこともあるし。
あ、こんな話、娘にはとても聞かされへんわ（笑）。

そうやで！　大阪の男の人はたしかにほとんどがえばりたがりぃや。
特に人前では、最大級にえばりたがる。
「なんやー、その態度！？」ってムカつくことあるけどな。
まぁええねん。えばらせといたらええ。
それで機嫌ようなんねんやったら安いもんやわ。えばるんはタダやもん。

掌編小説「小雪舞い散る、お初天神」

暮れも押し迫ったある日、久しぶりに幼馴染である琴子と一緒に梅田を歩いた。

目指すは、お初天神である。

この場所が近松門左衛門が書いた「曾根崎心中」ゆかりの地であることは、おそらく大阪人なら誰もが知っていることだろう。

お初天神の正式名称は露天（つゆのてん）神社だ。

元禄十六年にこの神社の境内で心中事件があった。その事件を題材にして、近松門左衛門はお初・徳兵衛の悲恋を描いた人形浄瑠璃「曾根崎心中」を書いた。

二人の悲恋の物語をきっかけに、この神社はいつしか露天神社という正式名称より、お初天神という通称で呼ばれるようになったのだ。

しかし、なぜこんな小雪の舞い散る寒い時期に、わざわざ私たちはここを歩いているのか……。

東梅田から十分の距離のはずだが、寒さのせいでもう三十分は歩き続けているように感じられる。

「祥子、行くんやめよかなぁとか考えてるやろ、今」

見透かされていた。さすがは十二歳からの幼馴染だ。

「そんなことないし。行くで、ちゃんと」

そう言いながらトボトボと歩いていると、ようやくお初天神が見えてきた。

ここに来るのは初めてではない。以前来たのはいつのことだが忘れてしまったが、一度だけ足を踏み入れたことがあるはずだ。

二十年以上は前になるだろうか、当時つきあっていた彼氏とこの近くにあるそば屋で名物の「夕霧そば」を食すために、この界隈にやってきた。その前に、ぷらっとお初天神に立ち寄った記憶があるのだ。その時、神妙に手を合わせてなにかを祈ったはずなのだが、その内容はもうさっぱり思い出せなかった。

境内に入って見た光景は、当時のそれとはあきらかに変わっていた。

若い女子がいるのだ、何人も。そう広くない境内の中、みんな笑顔で、きゃいきゃいとやたらと楽しそうなのである。

どうやら琴子の言う「恋愛成就にご利益のあるパワースポット」としてメディアで取り上げられているという話は本当らしい。

「なぁ琴子、見てみ。若い女の子ばっかりやでぇ。浮くんちゃう、私ら」

「大丈夫や。適齢期の娘の良縁願いに来たお母さんの振りしといたらええねん」

「いや、そこまでの年には見えんやろ！　と信じたい」

そんな軽口をたたきながらさらに中へと突き進む。

財布の中にお賽銭用の小銭が入っていたかどうか、ゴソゴソと確認する私の耳元で琴子がささやいた。

「あんたな、神さんにお願いする時、最初にちゃんと性別言いや」

「え？　性別？　なんでなん？」

「今日のカッコ、パっと見た感じ、男か女かわからへんもん。神さんも悩むわ」

あぁ、大阪のオバちゃんってまったくなんでこんなにも遠慮がないのだろうか。

たしかに私は百七十センチ近くの長身で、ガタイがいい。さらにその日は黒いコートに黒いニットキャップ、ホワイトデニムで足もとはムートンブーツを履いていた。

けど琴子……今日のカッコ、自分の中ではまぁまぁ今風でようできてるって思ってたんやで。いくらなんでも男には見えへんはずや思うわ。

そう言おうとして、ふと迷う。

もし神さんが琴子と同じセンスやったりしたら……どうする？

琴子のミモレ丈のスカートの裾がふわりと揺れるのを見ながら、そんな不安が頭をよぎった。

二重にご縁がありますように、と二十五円をお賽銭にしてから、手を合わす。

琴子いわく、どこの誰かがわからないと神さんも願いを叶えてあげにくいそうだ。

手をあわせながら心の中でまず最初に名前と住所と……そしてやっぱり性別を告げた。さらに琴子に命令された良縁も願う。

なにも良縁とは男性の縁だけではない。

今の私にとっては最も重要なのは、仕事の縁だ。それを具体的な例を上げながら強く願ってみた。

目を開けると琴子がニヤニヤと笑って私を見ていた。

「別に良縁とか願わんでもええねん、取材で行くだけやねん、とか言うてたわりにはえらい長い間お願いしてたやん」

まったくこの女の意地の悪さったら。永作博美みたいなふにゃふにゃとした愛くるしい童顔からは想像もつかないものがある。

よく大阪人は京都の人のことを「イケズ」と言うが、大阪のオバちゃんだってイケズ具合では負けてはいないんじゃないだろうか。

ニヤつく琴子を無視して、あたりをぶらついてみる。

ここであらためて境内をじっくりと見渡してみた。若い女子ばかりのグループの他に、しっかりと手を握り合ったカップルの姿もちらほら見える。

グッズ販売でも見ようと、お守りの文字が見える場所に近づくと、あるわあるわ。より取り見取りのお守りや絵馬がずらりと並んでいた。中には美人祈願の絵馬まであるではないか！

あぁ、きっとこれさえ書けば美人に……。

思わず手に取ると、耳もとで声がする。

「いくらなんでも、今から美人は無理やろー」

またもや大阪のオバちゃんの悪魔のささやきである。

「ちゃうやん、あんたの娘にどうかなぁって思って」

「ふーん。ほんまかなぁ」

琴子も並んでグッズを手に取る。

恋愛成就の絵馬はお初・徳兵衛のイラスト入りで、中にはハート形のものもあった。

琴子がハート形の絵馬をぬっと私に差し出す。

「はい。せっかくきたし、これ書いとき」

「ええわ、そんなん。女子ばっかりの中でオバちゃんがひとり真剣にこれ書いとったら恥ずかしいやん。それに良縁祈願するんやったらな、美人祈願のほうがやりたいわ」

「やっぱりそっちに興味あんねんやん！」

琴子のネイビーのダウンコートの肩に、雪が少しずつ積もり出している。

きっと私の唇も寒さで色をなくしているだろう。

大阪のオバちゃんが二人、恋人の聖地と呼ばれるまったく場違いな場所で、寒さに震えながら不毛な漫才口調の会話を交わしている……。あぁ大阪に帰ってきたなぁと、しみじみ感じた瞬間だった。


「そろそろ行こか。ここがいつの間にか若い子らに人気のパワースポットになったってことはようわかったし。琴子、ネタありがとう」

「せやろ？　昔はけっこうガランとした神社やってんけどなぁ」

「お初・徳兵衛さんも喜んではるわ」

「ほんまやなぁ。近松さんもな」

「あーさぶっ。なぁ何食べる？」

「新地行こか？　最近はおねーちゃん系の店ばっかりやなくって、女子でも気軽に行けるご飯屋さん増えてんで」

「女子って誰？」

「私らやん」

「神さんの前で、ようそんなど厚かましいこと言えるな」

あきれる私を尻目に琴子は「さぶぅさぶぅ。はよあったまろ」と言いながらさっさと歩き出した。目指すは北新地である。

座るだけで何十万の高級クラブに出勤途中の見目麗しいお姉さん方を眺めたなら、「やっぱり私も美人祈願しといたらよかったわ」ときっとちょっと後悔してしまうことだろう。

そんなことを考えながら、私は琴子の後を追った。

琴子が不意に振り向き、今からまた意地悪なこと言いまっせ的な表情で口を開く。

「なぁ、なんかええご利益あったら一番に私に報告してや。まぁ、新たなるメンズの登場はな、この年やし。ちょっと難しいやろうけど」

「はいはい。期待しといてや」

そう適当に応え、一度だけ境内を振り返った。

「万事よろしくお願いします！」

そう強く念を送ってから、私はお初天神を後にした。

第4章

大阪のオバちゃんの場所

35 泉州と北摂のオバちゃんと、それぞれの思い出

手紙の中でずーっと書いてきた大阪のオバちゃん像。

私が市内出身やから、今まで書いてきたんはどうしても大阪市内のオバちゃんをイメージしてると思う。

けど、大阪市外のオバちゃんってまたちょっと感じ変わるやん？


たとえば、**泉州地方のオバちゃん**。


琴子、私らが通ってた学校って、泉州から通学してる子らが多かったやん？

最初、同じ大阪やのに、言葉があまりにも違っててびっくりしたこと覚えてる？

一番特徴的なんは、疑問形の時、語尾に「け」がつくことかな。

「**ほんまけ？**」「**そんなん言うたけ？**」

それから、初めて聞いた時にめっちゃ可愛いやんって思ったんが「**いやじょ**」。「いやや」ってことやねんけど、市内出身の私には「いやじょ」は初耳やったわ。音が可愛いから、すぐにみんな真似したやんね。

「**ほんまじょ**」っていうんもあったな。

あととにかく語尾にやたらと「よぉ」をつける。

「**言うたしよぉ**」「**やったしよぉ**」って。

大人になってラッパーが「YO、YO」連呼するん聴いた時「泉州弁？」って思ったわ。

あ、憎たらしいのこと「**にくそい**」言うてたんも、最初は意味わからんかった。でもこれは今でも私使ってるで。

それから泉州の人は、ほんまに**だんじり祭り命**やね。中学・高校時代、岸和田に住んでる子らは、お祭りの日はみんな学校休んでた。先生らも「今日は祭りやから、泉州の子らは当然欠席」みたいな暗黙の了解あったもんね。今もあんな感じなんかな。

私が思う泉州地方のオバちゃんらの特徴は、とにかくダイナミック。言葉遣いは大阪市内より、もう少し荒っぽい。ほんで大阪市内よりもっと**地元愛が強い**ような気がする。

海沿いの街やからか海が大好きやんね。「ワカメ色の海」とか文句言いながらも、泳ぎに行ったりサーフィンしたりしてる。

関西国際空港ができてから周辺は発展してホテルや大型ショッピングモールやアウトレットができたり、**朝ドラ「カーネーション」の舞台**になったことで観光客が押し寄せたり。

泉州も色々変わってるみたいやけど、いつまでもだんじり愛を失わずにいてほしい。お祭りの日には、子供には当然のように学校を休ませてほしい。それこそが泉州地方のオバちゃんの生き方のような気がするんよ。

大阪市内のオバちゃんにとっても、泉州は若かりし日に磯ノ浦（通称・いそこ）に海水浴に行った想い出の場所やと思うわ。

北摂地方のことにもふれてみようかな。

そやなぁ、一般的に大阪市内のオバちゃんが北摂に住むオバちゃんらに持ってるイメージって「お金持ち」「ちょっと気取ってる」「ツンとしてる」「すましてる」「ものすごく教育熱心」みたいな感じ？　私個人としては「オーガニック大好き」な人が多そうな気がしてる。根拠はないねんけどな。

北摂の最大のみどころといえば、やっぱり**太陽の塔**やろう。

大阪観光に来て、太陽の塔を見ずに帰る人がいるとしたら、それはすっごい残念なことやと思うわ。

あれは多くの人にぜひ見ていただきたい！　さすがは「芸術は爆発だ」の**岡本太郎**先生作やで。

間近で見たならその迫力に圧倒されるし、なんかこうすごいパワーをもらえるんよね。これって私だけ？

通天閣よりも、太陽の塔のほうが見ごたえはあるような気がするねんけどな。

五月山公園や、紅葉で有名な箕面の滝なんかもあるから、大阪市内の人間にとって北摂エリアは絶好のデートスポット。

大阪のオバちゃんにとっての**北摂とは「昔の彼氏とようドライブしたわぁ」**と遠い目を誘発する、そんなエリアやと言えるんちゃうかな。

豊中のロマンティック街道とか、**新御堂筋**とか。意味もなくただ車を走らせたあの日。ドライブに飽きたら、道沿いにあるサンタモニカ風外観のおしゃれなカフェバーに入る。

これ、正しいバブル時代のデートコースやったなぁ。あぁ私も遠い目……。

大阪のオバちゃんにかって、こんな**イキったデート**を楽しむ若き日々があったこと、ここに記しておきます。

▼琴子のリターン

豊中ロマンティック街道！　新御堂筋！

行ったわぁ、デートで。私かって遠い目になってまうわ。

あのあたりにぎょうさんあったあのおしゃれカフェバー（カフェやないねん、カフェバーやねんな）、今はもうつぶれてしまってるんかもしれんね。

あの当時みんなプライベートレーベルとかピンキー&ダイアンのボディコン着てた。

ほんで、髪の毛どんだけ長いねんっ！　ってつっこみたくなるぐらいのロングヘア。

秋に**箕面の滝の紅葉**観に行く時、イキって高いヒールで行って歩かれへんようになって、彼氏と大ゲンカしたって言うんもよくあるパターンやったね。

箕面名物の**モミジの天ぷら**、関西人なら一度は食べてるんちゃう？

当時は箕面の猿もいまほど凶暴化してなかったから、猿見て無邪気に「可愛いー」って微笑んでたわ。

泉州の方言、可愛いかったなぁ。

学生時代、あっという間に大阪市内からの通学組にまで伝染した。

私、北摂にはあんまり行かへんけど、泉州エリアはたまに行くで。

大きなショッピングモールやらアウトレットあるから。

今度行った時、「いやじょ」「ほんまじょ」言うてるか耳をすませておくわ。

36 キタ、ミナミ、天王寺

大阪で人が集まる場所は数々あれど。やっぱり代表的なんは、ミナミとキタ、天王寺ちゃうかな。

難波、**心斎橋**あたりがいわゆる**ミナミ**と言われるエリア。

デパートにブランドショップ、飲食店がひしめきあって、毎日どっかから人がわらわらと集まってくる。

ここ数年で特に激変したんは、なんといっても**道頓堀**あたりとちゃう？

あの阪神優勝の際にファンが飛びこむことで知られてる、通称**引っかけ橋付近**。

綺麗になったなぁ、冬に帰省した時に驚いたもん。昔は橋の下なんて歩ける雰囲気やなかったけど、すっかり整備されておしゃれ風な遊歩道になってた。たしかドラマ「半沢直樹」のロケ地にもなったんよね。

イルミネーション（ちょっとしょぼかったけど）もピカピカと光ったりして。

昔と違って**引っかけ橋はもうナンパの名所やなくなったんかなぁ**。お店の客引きだらけやったわ。私らが学生時代はあの橋の上を通る時は「ナンパされたらどうしよ」ってひそかにドキドキしながら歩く場所やったんやけどね。

外資系ファストファッションのビルができて、なんかちょっと渋谷に似てきた感じがするけど。もちろん渋谷にはあの**カニやらたこやらがうごめく巨大看板**はないけどな。

ミナミが好きな大阪のオバちゃんって、ちょっと派手めなイメージちゃう？

年齢を重ねても明るめカラーの服を着こなしてるっていうか、そんな感じがする。

キタよりもミナミを好きなオバちゃんのほうが、**全国の人が想像する「ザ・大阪のオバちゃん」**に近いかもしれへんと思う。

ほんで、ミナミに集う大阪のオバちゃんは、総じて声がでかい。なんでかは知らんけど。とにかく**元気でパンチの効いたオバちゃんの集うエリア**やね。

たとえばミナミのど真ん中にある**法善寺横丁**。小説「**夫婦善哉**」の舞台にもなった街やけども。あのあたりなんて今や地元の大阪人なんてほとんどいてへんみたいやね。観光客でいっぱいになってしもて。

そやけどこんなニュースをネットで見たことがあるよ。

世界最大の旅行口コミサイト・トリップアドバイザーが発表した「外国人に人気の日本のレスト

ラン」の第1位に、大阪ミナミの焼肉屋「松阪牛焼肉M 法善寺横丁店」が選ばれたって。なんでも、その丁寧なおもてなしに外国人は大感激するんやってね。

お店に電話して場所がわからずに困ってると、店の人が探しにきてくれたとか。

このエピソードはいかにも大阪のオバちゃん的なホスピタリティやわ。そしてミナミ的。**泥臭くて人情に厚いミナミのお店やからこそのおもてなし**の気がする。こういうニュースが全世界に広まるんは、大阪人としても嬉しいし誇らしいわ。

これまたここ数年で大きく変わったんが**キタ**。なんといっても**大阪駅**の変貌ぶりには目をみはる。**伊勢丹三越**ができたと思ったらもう新しいビルになるいうんもびっくりやし。なんぼほど変化激しいねん。

キタは私らが中学生の頃は「ちょっと背伸びして行く、大人の街」なイメージやったね。今でもミナミよりは、なんかこう落ち着いてるっていうか、ざわざわしてへんというか。

このエリアを好む大阪のオバちゃんのファッションはミナミよりはシックでコンサバな感じ。洗練されてる、いうたらミナミ好きのオバちゃんにしばかれそうやけど。なんとなくキタが好きなオバちゃんって、お上品なイメージあるやんなぁ？

キタの顔と言えば、大阪人にとってはグランフロントよりもやっぱり**阪急百貨店**ちゃう？　建て替えされてよりその存在感は大きくなった。**大阪では「デパートといえば阪急」っていう考えの人がものすごい多い**よね。お歳暮、お中元は絶対阪急から送るって決めてる人も多いし。いったいなんやろね、大阪人独特のあの阪急百貨店崇拝。

琴子、**天王寺**の話をしよか。

中学、高校と天王寺駅で降りて通学していた私たちの思い出のエリア。前も書いたけど、変わったわ。ほんまに。

中、高時代、とにかく洋服が大好きでお小遣い握りしめてはショッピングに出かけてた私らやったけど。いっつも行くんはキタかミナミのどっちかで。洋服買いに行くために天王寺に行くっていう選択は、あの頃の私らにはなかった。それぐらいファッショナブルとは無縁の街やったんが天王寺やん。

せやけど今は違うな。ファッションビルもぎょうさんできて、天王寺に洋服を買う目的でやって来る若者でいっぱいや。

天王寺駅出てすぐ目の前にあったあの古い歩道橋。下の道路に大型車が通ると、振動で微妙に揺れるあの不安定な歩道橋な。

「大勢で飛び跳ねたら壊れるんちゃうか」言うて、何人かであの上でぴょんぴょん飛び跳ねて実験してみたこともあった。ほんまに壊れたらどうする気やってんって感じやけど。

あの歩道橋も建て替えされてびっくりするぐらい綺麗になったなぁ。

そうそう、K百貨店。思い返したら、あの百貨店には**おもろい店員さん**が多かった気がする。とてもデパートのお姉さんとは思われへんような、タメ口の人とかな。

そういえば中学の頃、制服姿で二階から三階に上がるためにエレベーター乗ったことあったよね。狭いエレベーターの中で、お客は私ら二人だけやった。その密室でまさかの会話があったん覚えてる？

「上に参ります」

「三階お願いします！」

私らがそう言うてドアが閉まった瞬間、エレベーターガールがこっち向いて言うたやろ。

「**ガキは、一階ぐらい乗らんと歩け**」

「えーっ、デパートの人がそんなん言うてもええん？」

「**ガキにはええねん**」

今なら絶対ありえへん会話やな。

三階についてドアが開いた瞬間、お姉さんはまた満面の笑みになって「**三階、婦人ファッションのフロアでございます。ありがとうございました**」って言うた。深々とお辞儀しながら。

大人の建前と本音の恐ろしさを思い知らされた十五歳の秋やったわ。

でもまぁたしかに、制服姿で何買うわけでもないのにいっちょまえの顔してぶらぶらする私らって、店員さんらから見たら、可愛げなかったんかもしれんわな。


天王寺に集う大阪のオバちゃんは、とにかくラフな人が多い。

それが天王寺。

ええかっこしたない、どこでも普段通りでいたい、そんな人らを受け止めてくれる度量の広い街。

すっぴんでつっかけ履いてても臆することなく歩ける街、なんやったらデパートにもそのままで入れる。

かつての天王寺はそんな街やったけど、今はそういうわけにもいかんねやろうか？

それでも昔のまんまで残ってる場所もあるやんな。
たとえば天王寺北口近くの**阪和商店街**。
戦後すぐの面影を残す商店街って言われてて、駄菓子屋さんやレトロな看板の一杯飲み屋が並んでる。路地も多くって迷路風なんもまた楽しいねん。
それから**あべの筋**にある**純喫茶のスワン**もええ感じ。ここ、まだあるのを発見した時は嬉しかったで。**キューズモール**の向かいにありながら、まだ昔のまんまの姿で残っててくれてるなんて！

店前の食品サンプル、ちょっと薄暗い店内、らせん階段、ドリームサンデーと名付けられた昔ながらのプリンサンデー。

つぶれんといてほしい。ずっとずっとこのままで残しておいてほしいなって思うわ。

琴子、今度一緒にスワンでお茶しよな。

▼琴子のリターン

学生時代の私らは、どっちかというとミナミ派やったかな。家が近かったし。

天王寺は通学路やったから、わざわざ休みの日まで足を踏み入れたくはなかったんもある。

ディスコに踊りに行くっていう時も圧倒的にミナミやったやんな。

バンブーハウスにキサナドゥ。倉庫倶楽部にマハラジャ、ジュビレーション。

あっちこっちのディスコに行きまくったなあ。

ジュビレーションやったっけ？　フード食べ放題のお店。

若かったし、猛烈な勢いで食べてた気がするわ。一緒に行った男子がそれ見て引いてたん覚えてる。食べに行ってるんか、踊りに行ってるんかわからへんっていう……。

キタは、あの頃の私らにとってはちょっと大人の街。

ネオンぎらぎらで、騒々しくって、若い子だらけのミナミのほうが落ち着いたわ。

アメリカ村とかも当時は古着見に行ったりするためによう行ったけど……。

今はそういうお店もなくなってるんやろね。

そして今一番おちつくエリアは天王寺やわ。そう思ったらやっぱりキューズモールの出現はすごい。とりあえずあそこに行ったら、物欲は満たされるもん。

そうや、スワンもええけど、学生時代からよう買い食いしてた**阿倍野名物の嶋屋**もまだあるで、あの場所に。甘い蜜がたっぷりからんだ熱々の大学いも、よう食べたなぁ。

37 本町、鶴橋、天神橋

ミナミとキタと天王寺。

大阪市内の三大繁華街について書いたから、今日はそれ以外のエリアで大阪のオバちゃんが集いやすい場所について書くわ。

まずは**本町**。

ここは基本的にはビジネス街やね。大きなオフィスビルがいくつも並んでる。けど、会社勤めじゃない大阪のオバちゃんらも、たまにこのエリアに出没するな。お目当ては**船場センタービル**。

一号館から十号館まで問屋さんが並んでる。問屋と一口でいうても、売られてるもんは実に様々で。洋服、インポートのカバンや靴、布団、雑貨、食器、インテリア、和装……。

一般の人でも買い物ＯＫな店が多いから、大阪のオバちゃんも「なんかお得なもん、ないかな」と気軽に買いにくる。

ということで本町に集うオバちゃんは、ずばり、**安うてお得なアイテムに目のないオバちゃん**。掘り出しもの探しに命をかけるオバちゃんやろね。

船場センタービルに行く時は、スニーカーか歩きやすい靴で行くんがマスト。なんといっても一号館から十号館、地下二階から一階、時には二階までお店が並んでるやもん。全部見ようと思ったら、ものすごい運動量になる。

デパートでは値切り交渉をせえへんＴＰＯをわきまえた大阪のオバちゃんやけども、ここでは値切るな。**船場センタービルでは値切って買うんがお約束的な空気があるから**、それはええねん。値切ってこそやねん。

そうや、十号館にあった激安下着で有名な「ファンデ」。あそこの名物オバちゃん、引退しはってんてなぁ。そう、商品を手に取ったあと、元の通りにきれいに畳まへんかったら「ちゃんと元通りになおしていってや」ってお客を叱るあのオバちゃん。メディアにもしょっちゅう出てはったのにな。怖いけど、会われへん思ったらなんか寂しいわ。

次は**鶴橋**。

ここに集うオバちゃんらは肉食系。

言うても色っぽい話やないで。お肉が好きなリアル肉食や。

環状線の鶴橋駅のドアが開いた瞬間、漂うええ香り。**焼肉の臭い**やな。しかもほんのり香る、程度なんかやない。ブワーっと鼻の穴めがけて飛びこんでくるぐらいに強烈な臭いやもん。あんな臭いするるん、全国であの駅だけとちゃう？

鶴橋駅から下味原の交差点に行くまでの一角にひしめく焼肉店。こないだ妹に数えてきてもらったら、二十店舗以上あったらしいで。

どこも人気やから金曜や土曜の夜は予約なしではなかなか入られへん。どの店も人で溢れ返ってるわ。

けど、鶴橋は焼肉以外にも特色がある。

それは**韓流グッズ専門店**。

戦後すぐの闇市の面影の残る鶴橋商店街は、本来は魚屋さん、お肉屋さん、乾物屋さん、駄菓子屋さんなんかが並んでて、飲食店の人らが仕入れにくる場所やった。

けど後継者不足とかでその数もどんどん減って、空いた店舗にできたんが韓流グッズを売るお店。少し前の韓流ブームの時には、商店街を韓流ファンのオバちゃんらが闊歩してたっけ。

こないだ帰省した時に様子見に行ったら、韓流グッズ店もあるにはあったけど、ほとんどお客さんが入ってなかった印象やったわ。これから先の鶴橋商店街がどうなっていくんかちょっと心配ではある。韓流グッズが撤退して、ブランドもののコピー商品売るお店ばっかりになってしまったらいややなぁって、今それを危惧してるねんけどな。


最後に**天神橋界隈**。

このあたりに集うオバちゃんの多くは、**天神橋筋商店街散策**と、そして**天満天神繁昌亭**で落語を楽しむことを目的にしてるんちゃうかな。

南北約二・六キロと直線では日本一の長さを誇る「天神橋筋商店街」。並ぶお店の数は六百店舗もあるらしい！

ここ好きやわぁ。めっちゃ大阪らしいもん。

大阪のオバちゃんのアイコンといわれている豹や虎の顔入りのセーターとか、Tシャツ。この商店街やったら苦労せずに見つけることができるやんな。あ、豹柄のスパッツとかも。お店のオバちゃんもめっちゃ人なつっこいから、ガンガン喋りかけてくるし、もちろんちょっとしたボディタッチもある思うわ。

心斎橋筋商店街は今や全国どこにでもあるお店だらけになってしまった気ぃがするけど、天神橋筋商店街は違う。ここにしかないお店がぎょうさん軒を連ねてる。

買い物も楽しいけど、グルメでも有名な商店街やし。**特にお寿司**。お寿司言うても、高級店とちゃう。庶民の味方的お寿司屋がいっぱいいや。

安うて、ネタが大きくて、もちろん美味い！　どの店も行列必至やけど並んででも食べる価値はあると思う。あー今すぐ飛んでいきたいわ……。

天満天神繁昌亭は、大阪天満宮のすぐそばにある上方落語唯一の寄席。

二〇〇六年のオープンから連日落語ファンが詰めかけて、その名の通り繁盛してるやんな。

ここだけの話、大阪育ちの私には東京の噺家さんが話す落語はちょっと物足らんのよ。どこで笑ったらええんかタイミングが摑みにくいねん。

同じ落語や言うても言葉遣いが違うだけで、こうも変わるもんなんやねぇ。

次帰省した時は繁昌亭に行って、コテコテの上方落語を聞いて、終わったら商店街の**中村屋**で一個七十円のコロッケを立ち食いしてから、お寿司食べに行きたいわ。

ほんで途中の洋品店で虎の顔のTシャツ買って、東京の友達のお土産にするっちゅうんもええな。めっちゃ嫌がられるやろけど。あえてな。

▼琴子のリターン

本町はあっちこっちのビルで会員制のアパレルのファミリーセールもようやってるから、今もちょくちょく出かけるかな。

ついでに船場センタービルも見る。

疲れたら、地下の飲食店街にあるレトロムードな喫茶店でサラリーマンに混じりながらお茶してるわ。

ビジネス街のど真ん中やのに、問屋街があるっていうんもちょっとおもしろいよな。

船場センタービルにおる大阪のオバちゃんの会話はかなりベタベタでいかにも大阪的やで。何秒に一回かは「**あんたそれ、安いで。買うとき**」「**お得やで、買うとき**」ちゅう会話が飛び交ってるもん。

ほんま大阪のオバちゃん、お得、安いが大好きやわ。

38 大阪のオバちゃんが京都について思うこと

京都のオバちゃんと大阪のオバちゃん。

両者の間には微妙なライバル意識があるといっても過言ではないはず。

もしかしてそれは互いに過去に都があったという場所に住む者同士のプライドのなせるわざなのか⁉

とにかく互いが互いを認め合わへんところがある。


大阪のオバちゃん曰く。

「京都の人って、裏表あるねん」

「顔で笑ってても、お腹の中でなに考えてるんかわからんでー」

「とにかくイケズやわな」

「お父さんが言わはったから……って自分の親になんで敬語使うねん！」

「喋り方がゆっくりすぎて、イライラするわ」

「京都弁が、関西弁の代表やと勘違いしてるとこあるやろ？　**大阪弁こそが、関西弁のスタンダードやのに**」

と猛スピードで先制パンチ。


京都のオバちゃん曰く。

「同じ関西やいうても、大阪の人とは一緒にされたないわぁ」

「こんなん言うたら申し訳ないねんけど、大阪のおばちゃんって下品なんよ」

「喋り方が怖いやろ？　うちらついていけへん」

おっとりはんなりした喋り方の中にも、確実に相手の息の根を止めるような戦慄のトークを浴びせて反撃や。


けど、文句言いながらも紅葉や桜の季節になったらやっぱり京都に行ってみたくなるのが、大阪のオバちゃんの可愛いところ。

結局行くねん。「**京都って、人のプライドと物の値段ばっかり高いところ**」とか言いながらも行くねんよ。

大阪のオバちゃんが京都観光行ったらまずまっさきに向かうんが甘味どころやね。祇園白河あたりをぶらぶらとしながら、趣きある風情に惹かれて一軒家の**甘味どころ「ぎおん　小森」**へ。普段京都に対してなにかと対抗心むき出しなわりには、いざ出かけるとなると「これぞ京都」的なお店や場所に行きたがる。郷に入っては郷に従え。**大阪のオバちゃんは柔軟性がある。どこにいってもするりと馴染むんよね。**

さてお座敷に通されて、きれいに手入れされたお庭を眺めながらオバちゃんたちは「やっぱり和っててええなぁ」「落ち着くわぁ」とお決まりの会話を。次はメニューを開いて「わらび餅高っ！」「あんみつで千円超えやで！」と値段についてのトークを開始。いや、オバちゃんらかってな、わかってるねんで。ここは京都のど真ん中、しかもこんないかにも京都的なお店に来てるんやから、値段が張ることとぐらい。せやけど、思ったことはすぐ口に出さずにはいられないんが大阪気質なんやね。

ほんで、文句言いながらも食べるねん。あんみつとか。食べたら食べたで「美味しいな」「これは値打ちあるで」言うて、ご満悦になるし。とりあえず美味しいもん食べさせといたら、上機嫌になるんが大阪のオバちゃん。あんみつ一杯で、機嫌の良さは三時間ぐらいは余裕で持つ。**そんな単純でわかりやすいところがチャームポイントでもあると思うわ。**

甘味を満喫したあとは、やっぱりお寺巡りへと向かうよね。高台寺やら金閣寺やら、はたまた八坂神社やら。行く場所はいろいろやねんけど。とにかくどこに行っても大阪のオバちゃんの集団って目立つねん。声でかいから。いつ何時もざわざわしてる大阪市内では、大阪のオバちゃんの声のでかささえ、喧騒にかき消されてしまうねんけど。大阪市内を離れるとそうもいかん。特に京都のお寺とか静寂の中ではひときわ目をひくやんな。もうちょっとボリューム調整できたらいいねんけど、そこは**ありのままで我が道を行く大阪のオバちゃん**らやから、なかなか難しいねん。

京都のオバちゃんらから「大阪の人って下品」と言われるんは、この声の大きさもあるんやろなあ。

昔、京都の縁切寺として有名な**安井金比羅宮**に行った時のこと。

あそこに関西人ならたいがい知ってる、**縁切り・縁結びの石**ってあるやん？

境内に鎮座ましましているあのお札がびっしり張られたドーム型の石。真ん中に開いてる穴を表から裏にくぐると「縁切り」、裏から表にくぐると「縁結び」になるっていわれてる、あの石な。

正直、パっと見た感じ「ほんまに大人がくぐれる？」っていうような穴の大きさやん。でもたいていの人は不安に思いながらも、先の人がくぐるんみて「大丈夫なはず」と判断してもくもくとくぐっていく。この淡々としたムードをぶち壊すんはたいがい大阪のオバちゃんやねんな。

「どうする？　くぐっとく？」

「けど私、特に悪縁とか今ないねんけど」

「なんも人の縁だけやないらしいよ。病気との悪縁とか」
「病気は嫌やなぁ、怖いわ。ほなせっかく来たし、くぐっとこか」
「けど、見て。私の体、あんな小ちゃい穴くぐれるやろか」
「○○さんはいけるわー、スリムやもん。私、また肥えたんよ」
「そんなことないって、見て、このお腹！　私がくぐったらこのお腹つかえて、どうにもならんのちゃうか」

そんな会話を石の前でグハハ、グハハと笑いながら喋ってるもんやから、他の人らが先にくぐろうにもくぐりにくい。オバちゃんらの会話をみんな笑いを噛み殺しながら聞いて順番待ちや。

そんな中、くぐったで、私は。オバちゃんらを押しのけて。停滞を破るためにも。

黙々とくぐり抜けて後ろみたら、さっそくオバちゃんらが続いてるん見てちょっと笑ったけど。

さすがのオバちゃんらも、石くぐる時は口閉じとったわ。必死な顔してた。

京都の悪口をなんやかんや言いながらも、実は京都を訪れるんを楽しみにしてる大阪のオバちゃん。

京都の方々、これからもちょっと騒がしいけど大阪のオバちゃんをどうぞよろしゅうお願いします。

▼琴子のリターン

あれって、なんやろなぁ。大阪VS京都のメラメラ感。

うちの母親も親戚のオバちゃんもよう「京都人はイケズ」って言うてるねんけどな、だからといって、具体的な例をあげるわけではない。

私が思うに、これって**大阪のオバちゃんらの間で代々語り継がれる伝言ゲーム**みたいなもんちゃう？　母から娘に言い聞かす、みたいな。

「ええか、京都の人とは結婚したらあかんで。イケズされるからな」ってそんなん言い聞かせてどないするねんって感じやけど。

私らかって昔行ったことあるなぁ。京都そぞろ歩き。

そういえば私らも、湯豆腐食べて、清水寺行って、抹茶パフェ食べて帰ってきたわ。

これぞ京都っていう伝統コース。

ライバル視しながらも結局けっこう好きやねんって、大阪のオバちゃんは京都を。

でも京都のオバちゃんらが、大阪を好きかどうかははなはだ疑問やけど。

39　大阪のオバちゃんが神戸について思うこと

大阪のオバちゃんは若かりし頃「まるで宝石箱をひっくり返したような」と称される夜景を見に、六甲山頂によく夜のドライブに行ったものです。時には彼氏と。時には男女混合の友達同士で。

クネクネと曲がりくねった山道を走らせるその道すがら、必ずといっていいほど誰かがこう口火を切ります。

「知ってる？　ここで、この世の者とは思えへんような化け物に遭遇することあるらしいで」

「えー、やめてー。外真っ暗やのに怖いー」

「車走らせてたらな、急に男が窓に顔をぺたっとひっつけてくるねん」

「きゃー」

「ニヤっと笑ってな。しばらく車と並走するらしい。車に乗ってるもんが恐怖の中、その姿を確認しようとよーう見たら……」

「見たら？」

「そいつ、上半身は人間やけど……（大声）体は馬やってん！　そいつに追い越されたら、その車に乗ってるもんは全員死ぬらしい！」

「ぎゃーやめてー怖いーさぶいぼたつー」


はい、いかがですか？　怖いですねー。

恐怖の都市伝説、六甲山編をご紹介しました！　また来週！


って、ちょっと待って。紹介したものの、つっこませてもらうわ。半身半獣って、それってもしかしたら**ケンタウロス**ちゃうん？

もしそうやったらそれすごいで。**ギリシャ神話の登場人物**を見てしもうたってことやで。いっこも怖いことあらへんやん。むしろ名誉なことやん。

きっとあれやな、若い娘の頃やったら「怖いー」って言うてたものの。大阪のオバちゃんが今もしも六甲山で半身半獣に遭遇したなら、まず間違いなく捕獲するはずやな。

捕獲してすぐに「いやーっ珍しい」言うてペチペチ体触る。**大阪のオバちゃんらにかかったら神話も呪いもかたなしや**。

もっともこの六甲都市伝説、ほかにも顔が牛で体が女性とか。下半身が透けてる老婆とか色々あったと思うけど。

そっちも今考えたら、わりとおもろいだけで、そう怖くもないなぁ。娘時代の終わりとともに、恐れる気持ちさえ薄くなってしもたんかな。


都市伝説はともかく、大阪のオバちゃんにとっては、神戸はかつて若かりし頃の人気ナンバーワンやったデートスポット。その思い出を引きずっているせいか、たいがいの大阪のオバちゃんは神戸を好意的な目で見てる。

オバちゃん同士でエキゾチックでノスタルジックな異人館の街並みを歩くんも好きやし、大阪より断然トラッドの香りが漂う品揃えのデパートをぶらぶら見て歩くんもお気に入り。

小さい声で「**えらい地味な品ぞろえやな**」って言うんは忘れへんけど。


居留地あたりのカフェなんか行ったなら大変や。「おしゃれやなぁ。やっぱり神戸は大阪とちゃうな、なんかこう、シュッとしてるな」言うて、いちいち大感激。

もちろん帰りには**フロインドリーブ**あたりでパンとクッキーを手土産に買うことは忘れへん。

つまりは、認めてんねん、神戸のことは。

おしゃれでシック。海も山もすぐ近くにあって景観も素晴らしい。歩いてる人も、大阪よりどっか洗練されててお上品やって。

けど同じ兵庫県でも、高級住宅地として知られる芦屋あたりに行ったらちょっとその見方も変わってくる。

イカリスーパーのビニール袋を持って歩いてる人ら見たら「どんなに生活きつうてもイカリで物買わなあかんらしいで、芦屋に住んだら。イカリなんて高いのに、毎日買い物したら破産するわ」と勝手な妄想をはじめる。そして最後には「ええわ私、大阪で。気楽やもん」と、誰からも芦屋に住んでと頼まれてるわけでもないのに、自分で解決。

妄想しといて勝手に解決。

これも大阪のオバちゃんの得意技のひとつやな。

▼琴子のリターン

行くで～神戸。ＪＲの新快速に乗ったら大阪駅から三宮までは二十分！

遠いようで近い、それが神戸やね。

たしかに昔はつきあってた彼氏の車で行ったけど、今は電車やわ。基本女同士で行くわ。

大阪のオバちゃんツアーＩＮ神戸って感じやな。

けど、新快速には気ぃつけなあかんで。全速力で飛ばすから揺れが激しいねん。

オバちゃんは足腰も昔と違って弱ってきてるから、友達の体やらつり革やら、色んなとこ持ってしっかり踏ん張って立たないとあかん。

三宮から元町をぶらぶら歩くんがやっぱりええなぁ。

今思ったら、若い時は彼氏とキャッキャ言うのんに夢中で、ろくに街並みなんて見てなかったと思う。

大阪のオバちゃんにかって、そういう可憐な乙女時代がある——。

そのあたり、東京や他県の人らはちゃんとわかってくれてるん？

なんも私らだって生まれた時から大阪のオバちゃんやったわけやないねんから！

ほんま、祥子が大阪のオバちゃんの逆襲やーって言うて書き始めた気持ち、今はようわかるわ。

いっぱいの人にリアル大阪のオバちゃんの生き方、知ってほしいわ。

40 大阪のオバちゃん的生き方のすすめ

フリーダムでご陽気で、周囲が笑いでいっぱいになることを常に望んでいる――。

そんな大阪のオバちゃん的生き方。

ここ何カ月かで、これってけっこうええ生き方なんちゃうっていう思いが強くなったわ。

人生で大切にしてるんは、美味しいもんと、笑顔と笑い声。あと、衣食住関係なく、安うてお得なもんを発見すること。

なにかと辛気臭い話題の多いこの世の中で、できるだけ楽しいこと、おもろいことに目をむけて笑って生きて行こうとするそのパワフルさ。

時には失敗や迷いで落ち込むこともあるけれど、悩みぬいたあかつきにはその失敗さえもいつかネタにして笑いをとったろうと企む。

そして……相槌の上手さは神レベル。

人の悩みを聞く時は、全力投球でこの神技投入。もちろんおもろい話の時も、さらに盛り上げるべくやっぱり神技投入。相槌上手の大阪のオバちゃんと話してたら、どうしたって会話もはずむ。せやから、大阪のオバちゃんが寄るところは、ただただ姦《かしま》しい。

おせっかいで、人情に厚うて、困ってる人を放っておかれへん。

ボディタッチは荒々しいけど、それも笑いを伝染させて、その場を盛り上げるため。とにかくサービス精神が旺盛で、飴ちゃんひとつで会話を盛り上げる、天性のテクニックを持つ。

な？　こういう大阪のオバちゃん的生き方、大阪以外の土地でも、会社でも学校でも、老若男女関係なく使えると思わへん？

みんな、できることから真似してみたらええんちゃうやろか。

一億二千万人が真似したら、きっと日本はなにかが変わるんちゃうかと思うんよ。

今ぬるりと日本の上を覆ってしもてる閉塞感も、全国民が大阪のオバちゃん化したあかつきにはびっくりしてどっかに吹っ飛んでいってまうと思うわ。

けどな。大阪のオバちゃん化をすすめるからって、なんも皆さんにチリチリの盆暮れパーマをかけてとか、虎の顔入り服か、原色ファッションに身を包んでくれとは言いません。

実際、私ら世代の大阪のオバちゃんはこのイメージより、もうずいぶんあか抜けてるから（自画自賛。言うたもん勝ち。これも大阪のオバちゃんっぽいな)、そんな旧タイプのオバちゃんはあんまり見かけへんし。

見た目はええと思うねん。どんなんでも。

ただ、**心の中にはいつも大阪のオバちゃん的生き方を**。

そうすれば、人生は明日から少し楽しいなるかもしれへんし、停滞してるもんも一ミリずつでも前に進むようになるかもしれへん。

お気楽に、能天気にそう信じたもん勝ち。

琴子、これがここ何カ月かで大阪のオバちゃんについて考えた結果やわ。

考えてみてよかった。書いてみてよかった。

はっきりとわかったわ。私はどこをどう切っても、まごうことなき大阪のオバちゃんやねん。

たとえこの先も大阪以外の場所で暮らしたとしても、そうであることを誇りに思って生きていきたいと思います。

もっともっとひとりでも多くの人が、大阪に遊び来てくれたらええなぁ。

来てくれた人らが、大阪のオバちゃんのあったかさ、おもろさ、明るさに触れて元気になります

ように。笑顔になりますように。

そしてその生き方が伝染して、日本がもっと明るくなりますように。

いちびりでチョケな私も、さすがに最後はちょっと真面目にしめてみました。

琴子。最後まで読んでくれて、ほんまにありがとう。

あとがき

大阪のオバちゃんたち！　これからも胸を張って生きていきましょう！

この本を最後まで読んでもらえたなら、きっとわかってもらえたはずやと思います。

あなたたち、いや、私たちはけっこうカッコイイ人種です。たとえ大阪以外の人から笑われたって、怖がられたって、うっとしがられたって、そんなん全然かまわへん！

迷うことなく今まで以上に大阪のオバちゃんらしい生き方を堂々と貫いていきましょう。


大阪で生まれて大阪で育って、大阪が大好きな私が、まさか東京で暮らす選択をするなんて。そして、そのことをネタにして本を出す日がくるなんて。

ほんま、人生はなにが起きるかわかりません。けど、だからこそ人生はおもろいんやと思いますが。


東京に住んではみたけれど、まだまだ夢を追っかけている最中で、もしかしたらこんな私を「年甲斐もなく」と嘲笑する人もいてるかもしれません。けど、それでも別にいいんです。なんといっても私は大阪のオバちゃんなんですから！　どう思われようが細かいことは気にしません。

これからも笑いを絶やすことなく、思うままに進んでいこうと思っています。自分の人生、おもろくできるかどうかは自分次第。

いつも心に大阪のオバちゃん的生き方を――。

それさえ忘れへんかったら、きっとなんとかなる。そう信じてます。

最後まで読んでくださってありがとうございました。

なお、本文中の敬称についてはつけたりつけなかったり、気分次第です。大阪のオバちゃんらしく、そのあたり細かいことは気にしませんでした。ご了承ください。

[著者紹介]

源 祥子（みなもと・しょうこ）

大阪市出身、現在は都内在住のフリーライター。
2000年にコピーライターとして独立後、美容や食品、ファッション関係のコピーを数多く制作する。その後「シナリオ・センター」で脚本を学び、2011年4月に九州朝日放送制作のラジオドラマ『北方謙三　水滸伝』でシナリオライターとしてデビュー。携帯ゲーム、英会話CD、朗読劇などにも作品を提供している。また、株式会社リクルートホールディングス運営サイト『進学ネット』、TOブックス刊行『聴くたびに、あの日を思い出す。涙あふれる13の歌物語』、リンダパブリッシャーズ刊行『99のなみだ』シリーズや『最後の一日』『あなたが生まれた日』『母のなみだ』『失恋前夜』『少年のなみだ』『少女のなみだ』『幽霊でもいいから会いたい』などに短編小説を発表している。2012年『第21回・シナリオS1グランプリ』奨励賞受賞。

装丁………山田英春
イラスト………工藤六郎
DTP制作………勝澤節子
編集協力………田中はるか

大阪のオバちゃんの逆襲

発行日✣2015年5月31日　初版第1刷

著者
源 祥子

発行者
杉山尚次

発行所
株式会社言視舎
東京都千代田区富士見2-2-2 〒102-0071
電話 03-3234-5997　FAX 03-3234-5957
http://www.s-pn.jp/
印刷・製本
モリモト印刷㈱

ISBN978-4-86565-021-1 C0336

言視舎刊行の関連書

978-4-905369-80-6

群馬の逆襲
日本一"無名"な群馬県の「幸せ力」

笑う地域活性化本シリーズ1　最近なにかと耳にする「栃木」より、ちょっと前の「佐賀」より、やっぱり「群馬」は印象が薄く、地味？もちろんそんなことはありません。たしかに群馬には無名であるがゆえの「幸せ」が、山ほどあるのです。

木部克彦著　　四六判並製　定価1400円＋税

978-4-905369-46-2

続・群馬の逆襲
いまこそ言おう「群馬・アズ・ナンバーワン」

笑って納得！　群馬をもっとメジャーにする方法。群馬という土地にはこんなに日本一レベル、世界レベルがあるのに、まだまだ群馬は『逆襲』がたりません！オモロイ話、土地の魅力・底力を十二分に紹介。

木部克彦著　　四六判並製　定価1400円＋税

978-4-905369-36-3

埼玉の逆襲
「フツーでそこそこ」埼玉的幸福論

郷土愛はないかもしれないが、地域への深いこだわりはある！　住んでいる人は意外と知らない歴史・エピソード・うんちくに加え、埼玉県人なら必ず経験したであろう「埼玉あるある」も満載。もう「ダサイタマ」なんて言わせない。

谷村昌平著　　四六判並製　定価1400円＋税

978-4-905369-73-8

佐賀の逆襲
かくも誇らしき地元愛

あのヒット曲から10年！　ＳＡＧＡはどこまで逆襲したのか？　九州在住ライターが、住んでいるヒトが意外に知らない歴史・エピソード・うんちくを次々に発掘。佐賀がなければ日本がないことを確信。マニアックな佐賀を徹底探索。

小林由明著　　四六判並製　定価1400円＋税

978-4-905369-93-6

福井の逆襲
県民も知らない？　「日本一幸福な県」の実力

「ビミョーすぎる県」のその幸福度はハンパない。圧倒的な食と深い歴史。そしてIT産業と伝統産業の底力。福井の潜在パワーを知り尽くす１冊。おそるべき「福井弁」辞典付き……「はよしね」って。

内池久貴著　　四六判並製　定価1400円＋税